U0347275

产品管理与运营
系列丛书

PRODUCT RESEARCH AND
DEVELOPMENT MANAGEMENT IN DETAILS

一本书讲透产品研发管理

揭应平 ◎ 著

机械工业出版社
CHINA MACHINE PRESS

图书在版编目（CIP）数据

一本书讲透产品研发管理 / 揭应平著 . —北京：机械工业出版社，2024.4
（产品管理与运营系列丛书）
ISBN 978-7-111-75358-2

Ⅰ. ①一… Ⅱ. ①揭… Ⅲ. ①产品开发－企业管理－研究 Ⅳ. ① F273.2

中国国家版本馆 CIP 数据核字（2024）第 054307 号

机械工业出版社（北京市百万庄大街 22 号 邮政编码 100037）
策划编辑：杨福川 责任编辑：杨福川 董惠芝
责任校对：杨 霞 王 延 责任印制：李 昂
河北宝昌佳彩印刷有限公司印刷
2024 年 5 月第 1 版第 1 次印刷
147mm×210mm · 10.625 印张 · 3 插页 · 234 千字
标准书号：ISBN 978-7-111-75358-2
定价：99.00 元

电话服务　　　　　　　　　网络服务
客服电话：010-88361066　　机 工 官 网：www.cmpbook.com
　　　　　010-88379833　　机 工 官 博：weibo.com/cmp1952
　　　　　010-68326294　　金 书 网：www.golden-book.com
封底无防伪标均为盗版　　机工教育服务网：www.cmpedu.com

　　我与应平相识多年，他具有深厚的技术背景和丰富的研发管理经验。他秉持"开口一厘米，深耕一千米"的理念，专注于产品研发和管理领域超过 20 年，在《企业管理》等著名期刊和媒体上发表了大量相关文章，并设有专栏，探讨不同类型的企业如何进行产品研发和创新。

　　本书基于底层规律来阐述产品的研发和管理，具有广泛的适用性。本书的特色之一是语言通俗易懂、案例丰富。这些案例来源于作者的工作经历、咨询服务经历及深入企业的调研，真实且紧贴书中讨论的内容。本书的另一个特色是每章都融入了作者的实务经验、思考和总结，具备很强的可操作性。在当前全球普遍重视科技创新的背景下，本书对企业的产品研发和创新具有重要的参考价值。

　　——包季鸣　复旦大学管理学院教授、EMBA 原学术主任，

上海实业（集团）有限公司原集团执行董事兼海外公司董事长，

圣彼得堡 300 周年纪念勋章获得者

本书汇聚了作者 20 余年的职业经验，极具价值。本书结构清晰、系统性强，既涵盖理论方法，也包括实践案例。在科技创新推动高质量发展的新时代，无论科技创新型企业还是其他类型的企业，都应高度重视产品研发管理，以实现真正的价值创新；无论技术研发人员、各级管理人员还是公司创始人或 CEO，都应熟悉或掌握产品研发管理的核心方法和实践知识，为企业提升竞争力奠定基础。

——何佳讯　华东师范大学上海国际首席技术官学院执行院长、

亚欧商学院中方院长

本书全面介绍了产品研发的各个方面，从宏观理念到微观操作，从理论框架到实践案例，覆盖了产品前端策划、技术开发等研发链条的各个环节。同时，本书还详细探讨了研发组织架构、项目管理与数字化系统的关系。

本书不仅深入解析了研发与数字化的融合关系，还提供了一系列实用的方法论和实践案例，指导企业家和管理者在数字化转型的浪潮中精确定位研发方向，加快创新步伐。

总之，这是一份全面而深入的产品研发指南，对于希望在数字时代增强企业研发实力和创新能力的产品开发者、产品管理者、企业家来说，是一本不可或缺的参考书。

——凌鸿　复旦大学管理学院教授、博士生导师，

复旦大学智慧城市研究中心主任，

复旦大学管理学院教授委员会主席，

中国信息经济学会理事会常务理事

研发管理是科技型企业至关重要的"护城河"，也是推动企业成功转型升级的关键。本书将理论与实践相结合，展示了具有高参考价值的产品研发管理策略和实施途径，对于科技型企业的管理者来说，是一本难得的参考书。

无论是对成熟产品的研发，还是对企业转型期间多元化产品的研发，这本书都提供了理论支持和实用参考。因此，强烈推荐本书，相信它能为您带来巨大价值。

——茆定远　致远互联（股票代码：688369）副总裁

研发创新是企业持续健康成长的核心动力，也是企业构筑核心竞争力的关键所在。

研发创新的成果不仅依赖于企业研发的投入，还依赖于企业研发创新的方法。

本书总结了企业产品研发的基本规律，为企业有效开展产品研发创新活动提供了重要指导。

——宋志平　中国上市公司协会会长、
中国企业改革与发展研究会会长

作者在大型企业从事新产品研发工作多年，积累了丰富的经验。

通过系统归纳和提炼升级，他总结出一套完整的新产品研发与管理知识体系。多年来，他通过授课、咨询、辅导等多种方式服务于各企业，帮助这些企业在产品研发与管理方面取得了显著的成效，并获得了广泛的好评，积累了大量的成功案例。基于这些经验，他编写了本书。本书知识性强、实用性高、易读性好，不仅是指导企业研发创新的优秀读物和培训教材，也是企业新产品研发的实用工具书。

——吴寿仁　上海市科学学研究所副所长、

上海市科学学研究会副理事长

在当今这个以创新为驱动的时代，产品研发能力已成为企业竞争的核心。特别是在新能源行业这一快速发展、变革剧烈的领域，科技创新与产品创新的重要性显而易见。本书构建了一套适用于多个科技行业的研发管理方法论，以浅显易懂的方式详细介绍了产品研发管理的各个方面，涵盖从理念到实践、从策略到操作的全过程。强烈推荐新能源行业的每一位产品领导者、管理者和开发者阅读本书。

——吴亚伦　孚尧能源科技（上海）有限公司董事长

在这个快速变化的时代，深入探索技术与高效管理变得极为关键。本书以独到的视角，向读者展现了产品研发管理的关键要素，并指引了一条清晰的道路。

作者基于自己深厚的专业知识和丰富的实践经验，将产品研发管理的理论与实践完美结合起来，帮助读者深刻理解这一复杂领域的本质。强烈推荐所有从事产品研发的实践者和理论研究者阅读本书。

——熊平　北京无忧创想信息技术有限公司（51CTO）

创始人、董事长兼 CEO

作者从基础的普遍规律出发，以主流的 V 模型产品开发流程为核心，对前期的市场分析和后期的产品交付进行了扩展，通过大量生动的案例和理论分析，系统地介绍了既先进又贴近企业实际的产品开发体系。该体系适用于多种行业和不同规模的企业研发工作。本书是一本具有广泛适用性的、难得的企业研发参考书。

——徐延铭　珠海冠宇电池股份有限公司
（股票代码：688772）董事长、总经理

几年前，揭应平老师领导其团队帮助威孚高科实施了产品研发管理的重大变革。这次变革不仅引入了新的方法和理念，更关键的是显著提升了我们的产品研发管理能力和竞争力。

在汽车零部件行业中，产品研发能力是企业核心竞争力的重要组成部分。本书基于产品研发的普遍规律，结合丰富的理论和实践案例，向我们展示了企业如何在激烈的市场竞争中保持研发的先进性。

通过学习本书我们深刻认识到，持续的创新和研发流程的优化是企业持续成长的关键。我相信，对汽车零部件行业的从业者而言，这本书将是一份极其宝贵的参考资料，无论研发团队的领导还是一线研发人员，都能从中获得宝贵的灵感。

总的来说，本书是一本极具价值的理论与实践相结合的产品研发管理书籍，值得反复研读。真心推荐所有追求提高产品研发能力和竞争力的企业与个人阅读这本书。

——徐云峰　威孚高科（股票代码：000581）
副董事长、总经理

本书基于作者深厚的工业研发实践底蕴以及对国内外研发体系的广泛思考与研究积累，结合作者在国内外多家头部高科技企业的工作经历和中国工业技术研发实际，抽丝剥茧，深入分析，

从宏观趋势、市场及产品战略定位入手，构建研发的全流程、架构和体系，用丰富的实践案例、经验、方法与工具，使研发有"技"可循并可体系化管理驱动。

在全球科技竞争日益激烈的今天，本书是难得的工业及科技类企业持续创新研发的指导手册。

——杨斌 中国机械工业科学技术奖评审专家、

中国电工技术学会常务理事兼数字化工厂与

智能制造专委会副主委、

菲尼克斯（中国）投资有限公司副总裁

作者拥有深厚的理论知识和丰富的实践经验，他立足于产品研发的基本原理，浅显易懂地阐述了产品研发的整个流程。本书为各种规模和行业的企业，尤其是对产品研发管理体系有严格要求的装备行业，提供了极具价值的参考和指导。本书内容全面，无论是初创公司还是成熟企业，都能从中受益。在众多产品研发管理书籍中，这是我强烈推荐的一本书。

——周宏建 骄成超声（股票代码：688392）

董事长、总经理

为什么要写这本书

随着全球科技竞争日益激烈，我国政府高度重视科技创新。衡量科技创新水平的主要指标之一是研发投入。近十年来，我国的研发投入每年以超过 10% 的速度增长。到 2022 年，我国的研发投入已超过 3 万亿元，约占 GDP 的 2.55%。尽管我国的研发投入相对值与一些发达国家存在差距，但绝对值已位居全球第二，并且仍在快速增长。

根据科学技术部的信息，截至 2022 年，我国的高新技术企业已达 40 万家，企业的研发投入约占全社会研发投入的 3/4。这意味着企业的研发投入是整个国家研发投入的主体。因此，无论企业的研发效率还是研发能力都决定了整个国家的研发效能。

然而，通过为许多科技型企业的负责人、CTO 以及研发领域的高管提供培训，并为一些企业提供产品研发管理和 IPD（集成产品开发）方面的咨询和顾问服务，我发现许多企业在研发方面存在诸多问题：投入大量资金并研发出不少产品，但没有爆品；产品销量不佳，投资难以收回；研发的产品因各种问题不断返工，延误上市时机，错过市场机会；产品成本过高，导致销售价格缺乏竞争力；产品因质量问题被召回，导致企业赔偿损失。这些问题不仅可能影响企业的财务状况和品牌形象，甚至可能导致出现企业退出市场等更为严重的后果。此外，一些科学家和技术专家创业时采用了非常先进的技术使产品功能和性能领先于同行，但由于在产品的成本、上市周期和质量方面控制不佳，在市场竞争中不占优势。上述问题在企业研发过程中非常普遍，严重影响了企业的研发效能。

与许多事物相似，企业的研发也有方法论。市面上虽然有不少关于产品研发的书籍，但大多数聚焦于知名企业如何进行研发，展示了这些企业的实践情况，很少有书籍从底层逻辑的角度来探讨产品研发。因此，我基于自己 20 多年的项目管理、产品管理和研发管理经验，编写了这本从底层逻辑出发深入剖析企业产品研发过程的书籍，希望为尽可能多的企业提供参考和借鉴，并在一定程度上解决企业在产品研发过程中遇到的问题。

为什么我适合写这本书

20 多年前，获得工学硕士学位后，我先后进入了 ALi、中兴通讯等知名高科技企业，从事产品开发、项目管理、产品管理和研发管理等工作。此外，我还曾在中小型科技企业担任 CEO。

在知名大公司工作的经历使我积累了体系化的研发管理经验，对产品研发管理体系有了深刻的理解，为我构建全面而完善的产品研发管理体系奠定了坚实的基础。而在中小型公司工作的经历让我从企业经营的高度看待产品研发，使我深刻理解了中小型企业在研发过程中面临的挑战和存在的痛点。此外，一流商学院的教育经历使我能够从商业和管理学的角度看待产品研发。这三种经历使我在广度、高度和深度上对产品研发管理有了与众不同的认知，形成了自己的特色。

从在企业从事产品研发和管理工作，到为企业提供产品研发管理方面的咨询和顾问工作，这20多年来我一直在产品研发领域深耕。从这个角度看，本书是"20年磨一剑"的成果。

本书适合的读者

本书主要涉及软件、机电类产品研发，适合以下读者阅读。

❑ 从事通信、电子、计算机、汽车及零部件、高端装备、芯片和半导体、航空航天、机械等行业产品研发工作的人员。

❑ 互联网和软件行业的产品研发人员。

❑ 生物医药、化工和食品等行业的产品研发人员。

本书不仅适合各个行业从事研发工作的人员阅读，也适合从事与产品研发相关的质量、市场、采购、生产和财务工作的人员阅读。

未来愿望

诚如管理学大师亨利·明茨伯格所言："管理既没有最佳方法可循，也没有适合所有组织的规范。即使一项规范似乎能在某种情境中发生作用，我们仍然要深入理解这个情境的方方面面，以及这项规范的作用方式。"

产品研发管理也类似，没有一种产品研发管理的最佳方法或者理论能适合不同规模、不同行业的所有企业。本书强调的底层逻辑是相对的，旨在启发企业根据自己的具体情况，设计出适合自身的产品研发流程体系。

未来希望能够与各同行、专家一起创建一个关于产品研发的学习、交流和实践联盟，不断探索和总结产品研发的底层逻辑，为我国企业的产品研发提供更好的支持。这是一件很难但很有价值的事情。道阻且长，行则将至，与所有同人和读者共勉！

本书内容概要

本书介绍的产品研发流程体系（见图 0-1）基于主流的 V 模型，并在此基础上做了扩展，包括在 V 模型之前加入市场分析（即前端流程），以及在 V 模型之后加入产品交付阶段，这样更加贴近企业的实际情况。

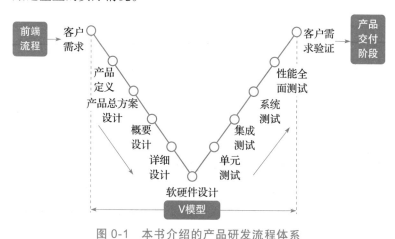

图 0-1　本书介绍的产品研发流程体系

本书共 12 章，分为 4 篇。第一篇介绍产品研发的流程，包括前端流程、需求管理流程、产品开发流程以及技术开发流程。第二篇介绍产品研发组织，包括企业产品研发常见的组织形式以及产品研发组织和流程的关系。第三篇介绍产品研发项目管理，重点从产品研发实务的视角介绍如何做好研发项目管理。第四篇介绍研发资产管理和产品生命周期管理系统，包括如何做好研发的重点资产管理，以及产品生命周期管理的工具，这些工具不仅可以更好地管理研发资产，还能提升产品研发效率，提高产品竞争力。

组织、项目管理以及 IT 工具是产品研发流程的支撑。在产品研发过程中，会不断地产生各种研发资产，不同的组织和团队利用 IT 工具对相应的研发资产进行管理。它们之间的关系构成了本书的内容框架，如图 0-2 所示。

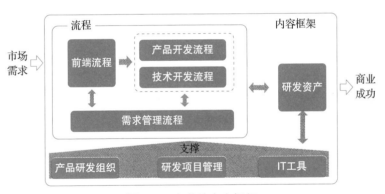

图 0-2　本书的内容框架

本书介绍的案例是对正文内容的阐释和补充，这些案例有些是作者工作中经历过的，有些是作为咨询专家参与过的，还有些是深入研究和调研过的，具有较好的参考作用。

揭应平

目录

第二篇 产品研发组织

第三篇 产品研发项目管理

第一篇 产品研发流程

产品研发需要按照一系列步骤进行，这些步骤构成了产品研发流程。本篇主要介绍产品的研发流程，包括 5 章内容。其中，第 1 章对产品研发流程进行概述，第 2 章介绍前端流程，第 3 章介绍需求管理流程，第 4 章介绍产品开发流程，第 5 章介绍技术开发流程。

产品研发流程概述

本章将对产品研发流程进行概述，包括产品研发流程的重要性、流程框架以及企业在构建流程时应遵循的原则。企业应根据自身情况，构建适合自己的产品研发流程。

1.1 产品研发流程对于企业的重要性

1. 什么是企业流程

企业流程是指企业为了完成某一项目标或任务而进行的跨越时间和空间的逻辑上相关的一系列活动的有序集合。这些活动有时也被称为"狭义的流程"。"广义的流程"还涵盖组织架构、人员、管理制度、管理技术、管理信息等要素，因此实际上流程是一个体系。

一个企业可以有很多流程，例如采购流程、销售流程、生产流程等。一个企业的流程数量以及流程类型与企业的规模以及行业、属性有关。一般来说，企业规模越大，流程类型和数量越多。企业规模较小时需要的流程较少，甚至在企业初创阶段，只需要极少的流程。然而，不同行业和属性的企业即使规模相当，流程也可能存在差异。例如，大多数贸易、生产代工等类型的企业即使规模很大，也不需要产品研发流程，而产品研发流程却是科技型企业最核心的流程之一。

2. 什么是企业的产品研发流程

产品研发流程与产品研发相关，包括从客户需求开始，经过将客户需求转化为产品定义，再到产品的研发、测试、验证，然后进行小批量试产和批量生产，最后交付给客户，形成一个完整的闭环流程，即从客户中来，最后到客户中去。如此复杂的产品研发工作，如果没有规范化的流程作为指导，是很难取得成功的。图 1-1 展示了产品研发的闭环工作流程。

图 1-1 产品研发的闭环工作流程

图 1-1 仅展示了产品研发流程的框架，实际上框架中的每个

部分都包含了丰富的内容。以产品研发的需求为例，产品需求不仅来自具体的客户，还来自市场。市场需求是指众多客户的共性需求，而客户需求则特指具体某个客户提出的需求，来自实际的主体（企业或个人）。然而，两者在实际使用中经常被混用。在本书中除非特别指出，否则对客户需求和市场需求不做区分。再以研发设计为例，研发设计不仅包括系统架构和方案的设计，还包括模块设计和单元设计等。因此，产品研发是一个相当复杂的过程。

对于产品研发这样复杂的过程，如果没有相应的流程进行规范和管理，很难取得持续的成功。我们看到很多中小企业的产品研发的成功具有非常大的偶然性，除了有人才不足等原因外，还有一个很重要的原因是企业没有建立适合自身特点的产品研发流程。

3. 产品研发流程的意义

1）**有助于落实产品战略。**企业的产品战略规划了未来产品研发的路线，明确了何时研发哪些产品，是非常重要的战略。如果没有产品研发流程，或者研发流程与公司实际情况不匹配，将导致某些产品研发失败，进而影响企业产品在市场上的竞争力。

2）**优化产品研发组织。**广义的产品研发流程不仅包括研发流程本身，还涉及组织如何参与到工作流程中。如果有了明确的产品研发流程，企业就更容易确定流程的各个环节需要哪些组织的参与，从而使相应组织职责更加清晰，工作更加高效。

3）**有助于培养研发人才并提高研发团队的能力。**同样，产品研发流程可以规定每个环节必须完成的研发工作。通过对研发工作进行详细的分解，我们可以清楚地了解每个环节所需的研发技能。这不仅有利于企业招聘合适的研发人才，还有利于企业针对这些所需技能进行相应的培训，从而更有效地培养研发人才，进而提高研发团队的整体能力。例如，如果研发流程经过分解后，其中有电子电路图的设计工作流程，那么企业可以有针对性地招聘具备电子工程相关专业背景和电子电路图设计能力的员工。同时，企业还可以针对电子电路图设计这项技能进行员工培训。当所有从事电子电路图设计工作的员工都具备了较高的技能水平时，企业的电子电路图设计水平也会相应提高。如果企业研发团队的各种技能水平都较高，那么整个团队的研发能力也会相对较高。

除了以上提到的三点，一个企业构建合适的产品研发流程还有利于提高产品研发的一致性。这种一致性体现在研发出来的产品要么一致地优秀，要么一致地不佳。只要一致性较强，即使是不佳的产品也比较容易改进。相反，没有规律的不佳产品则很难找到改进的方法，产品的研发结果具有很大的随机性，会比明确的不佳产品带来更多的问题。

1.2 产品研发流程框架

一般来说，如果产品中融合了机械、电子和软件技术，产品研发流程通常符合 V 模型。例如通信、电子、汽车、机械装备等行业的产品研发都适用于 V 模型。然而，也有一些行业的产品研发流程不符合 V 模型，比如生物医药、化工产品、食品等的研发流程有其他的模型。

那么，什么是产品研发的 V 模型呢？简单来说，就是产品的研发过程在空间和时间上呈现出字母 V 的形状，因此也简称为 V 模型。图 1-2 展示了 V 模型的示意图。它所表达的含义是，产品研发首先是从客户需求出发，然后根据客户需求进行产品定义、产品总方案设计，接下来进行概要设计、详细设计、软硬件设计等。这是一个从前到后、从大到小的时间和空间上的方案与产品设计过程，这个过程涉及 V 字母的左边部分。完成硬件设计和编码后，开始进行单元测试、集成测试和系统测试（这些都属于功能测试），接下来还需要进行性能全面测试。当所有的研发测试结束后，还需要进行客户需求验证。验证完成后交付给客户，这个过程涉及 V 字母的右边部分。

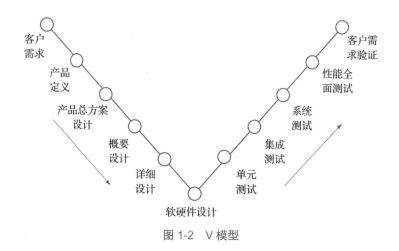

图 1-2　V 模型

V 模型的精髓在于它能够同时考虑时间和空间因素，将产品研发过程细化为多个阶段和任务。在 V 模型中，左边的阶段通常是从整体到局部的过程，即从总体方案设计到子系统设计，再到详细设计。这些阶段的工作范围逐渐缩小，但仍然具有高层抽象的特点。右边的阶段则是从小到大的过程，即从单元测试开始，逐步进行集成测试、系统测试等。这些阶段的工作范围逐渐扩大，但仍然属于具体的测试工作。

通过 V 模型，我们可以清晰地展示产品研发过程中不同阶段和任务之间的先后关系和包含关系。这种综合考虑时间因素和空间因素的方法，使 V 模型成为一种管理和指导产品研发的有效工具。

产品研发 V 模型体现了从客户需求到最终交付给客户的整个流程。本篇介绍的产品研发流程包括 4 个模块：前端流程、需求管理流程、产品开发流程和技术开发流程。其中，后三个模块涵盖产品研发 V 模型中的内容。前端流程主要关注市场分析和产品规划方面的内容，为产品研发提供方向和依据，是比 V 模型更前端的部分。前端流程对于企业的产品研发至关重要，它明确了企业应该开发哪些产品才能更好地满足市场或客户的需求，把握方向性的事情。

产品研发 V 模型属于"正确地做事"，而前端流程属于"做正确的事"。很显然，在"做正确的事"的前提下，"正确地做事"才更有价值。

本篇的产品研发流程框架如图 1-3 所示，这个研发流程框架在 V 模型基础上做了延伸。

在图 1-3 中，产品开发流程不仅包含 V 模型，还包括产品交付阶段。需求管理流程不仅横跨 V 模型，还包括前端流程阶段。

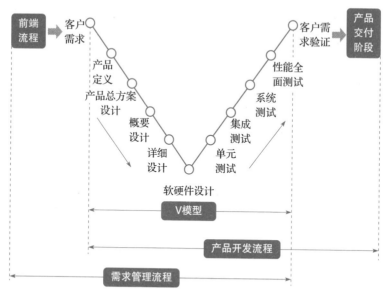

图 1-3　产品研发流程框架

1.3　企业产品研发流程构建的原则

产品研发流程规定了企业在进行产品研发时不能任意发挥，做到有规范可依。

但是，如同很多事情都有正反面一样，流程也是一把双刃剑，适合的流程能助力企业快速发展，不适合的流程会阻碍企业发展。事实上，如前文所述，不同规模、不同行业以及同一个企业在不同的阶段，流程的适用度会存在差别，有时甚至存在很大的差别。对于产品研发流程来说，也是如此。那么，一个企业在构建产品研发流程时，需要考虑哪些原则？以下 3 个原则是需要重点考虑的。

原则1：和企业的规模有关

这是最重要的一个原则。企业之所以要有流程，根本原因是业务涉及多个环节、多个人或团队。一般来说，当企业规模较小、业务相对简单时，很多员工会身兼多个角色，这样在执行任务时涉及的人员较少，流程可以相对简化。在规模非常小的企业中，省略一些流程甚至不会影响业务的发展。例如，在一些小型企业中，市场调研、拜访客户、定义产品、系统设计、编写代码以及测试可能只需要少数几个人甚至1～2人来完成，员工之间的沟通简单且不容易出错。对于这种规模的企业，构建复杂的产品研发流程可能并不会带来太大的效果，反而可能会降低研发效率。但是，随着企业规模的不断扩大，企业的组织结构和业务都会变得越来越复杂，涉及的任务节点会越来越多，涉及的人员也会越来越多。如果没有流程来规范，企业很容易出现问题。这时，企业就需要建立相应的流程。

原则2：和企业的业务有关

对于不同的业务，产品研发的复杂程度各异。例如，通信设备的研发难度远高于小家电产品的。同样，芯片的研发难度与生物医药产品的也存在差异。这些差异往往源于行业的不同。因此，即使在规模相近的企业，产品研发流程也会有很大差异。例如，通信公司所采用的产品研发流程比小家电公司的更为复杂。对于多元化经营的大集团公司，内部可能有多个产品研发流程。

原则3：流程改进需要循序渐进且不断完善

当一个企业在发展过程中遇到流程缺失或不完善的状况时，可以通过建立新的流程或优化现有流程来解决问题。然而，随着企业的进一步发展，新的问题又会出现。这时，企业需要再次对流程进行完善和优化，以解决新出现的问题。这样的过程会不断重复，使流程始终能够与企业的发展相匹配。因此，在企业的发展过程中，并不存在一劳永逸、永恒不变的所谓"好流程"。

以华为的 IPD（Integrated Product Development，集成产品开发）流程为例。华为于 1998 年开始从 IBM 引入 IPD 流程。华为对 IPD 流程的理念是"先僵化、后优化、再固化"。在接下来的十几年里，华为的 IPD 流程一直在不断地完善和优化。直到 2016 年，华为正式宣布其 IPD 流程已经做到了大范围的完善和优化。但随着新业务的引入，华为的 IPD 流程仍需要进行持续完善和优化，以适应新的业务发展需求。

除了上述 3 个原则外，还有其他一些原则也值得我们关注。例如，不同的流程之间的耦合性和关联性原则，这意味着我们应该尽量简化、标准化和模块化不同流程之间的接口。此外，许多企业除了有 IPD 流程外，还有 LTC（Leads To Cash，线索到现金）流程，即从线索到现金回款的流程。这一流程在大多数公司中都是销售部门的主要流程。销售部门通过获取市场机会、赢得订单并向客户交付产品来实现这一流程。如果产品尚未开发出来，需要通过 IPD 流程进行新产品研发。这样，LTC 和 IPD 流程之间就产生了关联。这种关联越简单越好，以确保流程能够有效且高效地运行。

1.4 本章小结

1）企业产品研发是一项高度复杂的工作，它从客户需求出发，最终满足客户的需求。企业如果能够建立符合自身实际情况的产品研发流程，将显著提升产品研发能力。

2）对于大多数基于软件、电子和机械特性的产品而言，研发流程遵循 V 模型。本书的产品研发流程也遵循 V 模型，并在此基础上进行了扩展。

3）企业在构建产品研发流程时，首先要考虑规模，其次要考虑业务特点。同时，企业需要遵循循序渐进、不断完善的原则来构建产品研发流程。

☞ **实务经验**

当企业规模较小时，企业的经营重点应以开拓市场和获取客户订单为主，在产品研发方面，暂不需要构建系统性流程。此时，企业可以抓住几个关键点或模块进行提升，例如关键研发人才（如产品经理或项目经理）的培养和能力提升、关键交付物的管理、项目立项以及同行评审等。企业也可以在遇到明显的瓶颈时，再针对性地进行提升。如果某些关键模块已经相对成熟，那么构建系统性的研发流程便是顺理成章的事情。

| 第2章 | C H A P T E R

前端流程

产品研发的前端流程是确保"做正确的事",即确保产品研发方向正确,研发的产品符合市场和客户的真实需求。

本章内容涵盖了宏观市场分析、细分市场分析、战略定位分析和产品规划4个部分。首先从宏观层面进行市场分析,然后在此基础上进行细分市场分析,接着根据战略定位的结果,选择适合的细分市场并规划合适的产品进入,以达到"做正确的事"的效果。

2.1 宏观市场分析

宏观市场分析是对整个行业发展的总体情况进行研究,主要研究企业在生产经营过程中相关的宏观环境因素，如政策、经济、社会、法律、地理和民族等。在本节中，我们将介绍两种工具：一种是偏向宏观的工具PEST，另一种是偏向中观的工具——迈克尔·波特的五力模型。以通信行业为例，我们将探讨该行业中的企业如何进行有效的宏观市场分析，希望能为其他行业的企业提供参考。

1. PEST工具

PEST代表政治（Political）、经济（Economic）、社会（Social）和技术（Technological）4个英文单词，PEST工具用来分析一个企业所处的外部宏观环境。PEST工具模型如图2-1所示。

（1）政治因素分析

政治因素分析主要涉及政治制度与体制、政局以及政府对企业经营的态度。当这些因素发生变化时，例如政府发布具有约束力的法律或法规，企业需要相应地调整经营战略，以免对经营业务产生不利影响。通信网络是国家的关键基础设施。随着社会的发展，信息化竞争变得尤为激烈。各国都在大力投资本国的通信产业。例如，许多国家将建设5G通信基础设施视为国家战略，这对通信企业来说是一个很好的机会。但同时，由于通信产业与国家安全息息相关，那些有能力自主研发产品的国家在产品服务竞争力相当的情况下会优先选择购买本国设备。这使通信企业之间的竞争不局限于产品和服务层面，还将受到政治方面的影响。因此，政治应被视为企业宏观市场环境分析的一个重要因素。

（2）经济因素分析

经济因素是指一个国家的经济制度、经济结构、产业布局、

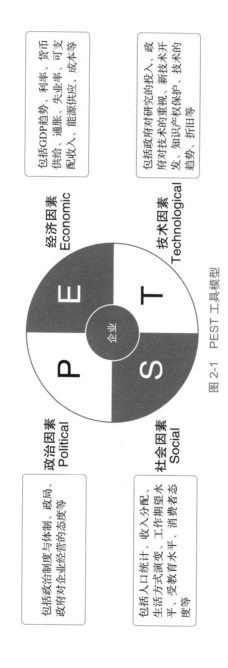

图 2-1　PEST 工具模型

经济因素
Economic

包括GDP趋势、利率、货币
供给、通胀、能源供应、可支
配收入、失业率、成本等

技术因素
Technological

包括政府对研究的投入、政
府对技术的重视、新技术开
发、知识产权保护、技术的
趋势、折旧等

政治因素
Political

包括政治制度与体制、政局、
政府对企业经营的态度等

社会因素
Social

包括人口统计、收入分配、
生活方式演变、工作期望水
平、受教育水平、消费者态
度等

P
E
S
T

企业

资源状况、经济发展水平以及未来的经济走势等。经济因素分析包括分析 GDP 趋势、利率、货币供给、通胀、失业率、可支配收入、能源供应和成本等。

对于通信产业来说，在人口规模相当的情况下，经济发达国家的通信市场规模比经济落后国家的要大。因此，竞争力强的企业应以占领发达国家的通信市场为主要目标。然而，经济落后国家对通信市场的需求比发达国家的更加多元化。考虑到建设成本，经济落后国家可能在同一时间段内对 2G（第二代移动通信）到 4G、5G 通信网络都有需求。这些经济因素的分析为通信行业的企业在进行产品规划和差异化竞争时提供了很好的支持。

（3）社会因素分析

社会因素是指组织中成员的民族特征、文化传统、价值观念、宗教信仰、教育水平和风俗习惯等。社会因素分析包括对人口统计、收入分配、生活方式演变、工作期望水平、受教育水平和消费者态度等方面的分析。

对于通信产业，通信需求的社会因素主要包括人口数量。人口数量是衡量一个国家或地区通信市场规模的重要指标之一。例如印度、印尼、越南和泰国等东南亚人口大国虽然经济不够发达，但市场空间巨大且增长潜力巨大。这种市场的特点是对产品和服务的需求量大，但对价格较为敏感。因此，企业需要提供具有较强成本竞争力的产品和服务。同时，市场策略可以针对这一特点进行调整，例如在初期以低价进入市场并在大量获取订单后通过规模效应降低成本。

（4）技术因素分析

技术因素不仅包括发明，还包括与企业市场有关的新技术、新工艺、新材料的出现、发展趋势以及应用背景等。技术因素分析包括分析政府对研究的投入、政府对技术的重视、新技术开发、知识产权保护、技术的趋势、折旧等。

对于通信产业的技术因素，我们主要关注产业的标准化、摩尔定律、技术演进和融合几个方面。由于通信的全球化和漫游需求，通信产业必须有一些标准组织制定的标准和协议。不同的厂家要遵循同样的标准才能实现通信无缝对接，因此各个企业在标准组织中贡献标准、提议以及形成专利非常重要。同时，通信产品中最重要的硬件是芯片。以通信设备中数量最多的基站为例，芯片成本占基站硬件成本的 70% 以上，因此受摩尔定律的影响比较大。这就要求通信企业的技术迭代能力要非常强。此外，通信行业技术快速演进，包括从模拟通信到 2G 数字通信，再到 3G、4G、5G 以及未来的 6G 通信。除了技术的快速演进，不同代通信技术的融合也是必不可少的。因为在一个时间段内可能同时存在多代通信系统，没有技术的融合是难以实现的。

通信设备企业的 PEST 因素分析如图 2-2 所示。

前文以通信产业为例，介绍了这个行业的企业在进行 PEST 分析时重点要分析哪些因素。事实上，PEST 包含的因素非常多，并不是每个企业在进行 PEST 分析时都需要分析每个因素，而是只分析和企业经营或者产品关系比较大的因素就可以。此外，有些资料中把 PEST 工具扩展为 PESTEL，增加了环境（Environmental）因素和法律（Legal）因素。

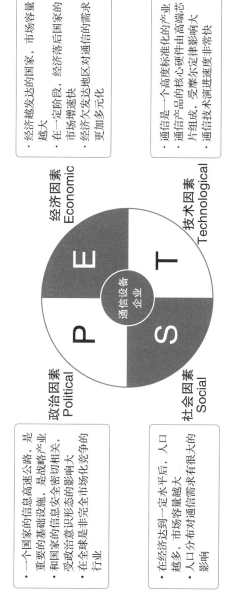

- 经济越发达的国家，市场容量越大
- 在一定阶段，经济落后国家的市场增速快
- 经济欠发达地区对通信的需求更加多元化

经济因素
Economic

- 通信是一个高度标准化的产业
- 通信产品的核心硬件由高端芯片组成，受摩尔定律影响大
- 通信技术演进速度非常快

技术因素
Technological

政治因素
Political

- 一个国家的信息高速公路，是重要的基础设施，是战略产业
- 和国家的信息安全密切相关，受政治意识形态的影响大
- 在全球是非完全市场化竞争的行业

社会因素
Social

- 在经济达到一定水平后，人口越多，市场容量越大
- 人口分布对通信需求有很大的影响

P　E
通信设备企业
S　T

图 2-2　通信设备企业的 PEST 因素分析

PEST 工具可从宏观层面全面分析行业，站得高，看得远，适合作为企业战略分析的初级工具。然而，PEST 工具也有不足之处。首先，它过于宏观，分析结果对决策难以起到直接支撑作用，需要补充很多细节。其次，因素变化大，需要掌握的信息和数据量庞大。尽管 PEST 工具并不完美，但它在企业宏观市场分析方面仍然具有较大的价值。

2. 五力模型

迈克尔·波特（Michael E. Porter）是哈佛大学教授，也是当今全球第一战略权威。他被商业管理界公认为"竞争战略之父"，在 2005 年世界管理思想家 50 强排行榜上位居第一。

五力模型是由迈克尔·波特于 20 世纪 80 年代初提出的，对企业战略制定产生了全球性的深远影响。该模型用于竞争战略分析，可以有效地分析企业的竞争环境，并制定合适的产品战略和方向。"五力"分别是同行业竞争者现在的竞争能力、供应商谈判能力、客户谈判能力、潜在竞争者进入能力、替代产品威胁能力。如图 2-3 所示，五种力量的不同组合最终会影响企业盈利能力。

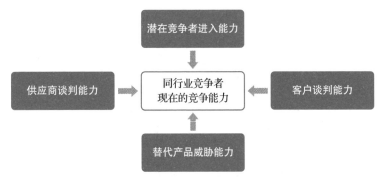

图 2-3　迈克尔·波特的五力模型

（1）同行业竞争者现在的竞争能力

同行业竞争是大部分企业最关注的一种竞争情况。一般来说，行业出现以下情况，竞争会加剧，具体如下。

1）行业的进入门槛较低。这种情况会吸引众多企业进入，导致同行企业竞争激烈。

2）市场趋于成熟，产品需求增长放缓或者停止增长。

3）同行竞争者提供几乎相同的产品和服务，即企业之间同质化很强。

4）企业退出竞争的障碍较高。企业退出竞争的成本往往高于继续参与竞争。以某些重资产行业为例，由于其固定资产具有高度的专用性，一旦退出可能会带来巨大的损失。在这种情况下，企业更有可能选择继续留在本行业参与竞争。

同行业企业之间的竞争主要体现在市场、营销、产品、服务、品牌等多个方面的综合竞争。这种竞争是正面的，因为它可以推动企业不断创新和提高自身竞争力。那些在同行业竞争中获得竞争优势并成为行业领军者的企业，它的市场地位会进一步提高。因此，企业在大多数情况下应重点关注同行业企业间的竞争。

（2）供应商谈判能力

供应商谈判能力是指企业在与供应商合作过程中，双方地位和关系对企业、供应商的谈判结果的影响。一般来说，企业和供应商的谈判能力与两者之间的规模有较大的关系。当供应商规模较大而企业规模较小时，企业相比供应商的谈判能力较弱；反之，企业相比供应商的谈判能力较强。这就是所谓的"店大欺客"和"客大欺店"现象。

然而，除了双方规模因素之外，供应商在以下情况下也有较强的谈判能力。

1）**供应商有一些比较稳固的市场，表现出来的特点是产品的买主很多，以致单个买主不可能成为供方的重要客户。**常见的例子包括标准化产品如螺钉、标准规格的纸张等。

2）**供应商的产品各具特色，以致买主难以对其替换或替换成本太高，或者很难找到可与供方企业产品相竞争的替代品。**也就是说，供方企业的产品具有一定的差异化，这种差异化导致企业在购买了供方的产品后存在切换门槛。

3）**供方能够容易地实行同行（或前向）联合（或一体化），而买主难以进行同行（或后向）联合（或一体化）。**也就是说，供方很容易对供应产品进行整合，形成难以替代的供应产品，而企业比较难进行需求整合，需求相对简单，导致供应商比较容易更换客户。

虽然这部分内容主要从供应商角度出发进行介绍，但很多企业本身具有双重身份属性，即同时具有客户属性和供应商属性。因此，对于具有双重身份属性的企业来说，如何在不同角色中增强自己的谈判能力是企业需要重点关注的。

（3）客户谈判能力

客户谈判能力由企业在和客户合作过程中双方的地位关系决定。客户谈判能力的强弱和供应商谈判能力的强弱刚好反过来。客户谈判能力的强弱还与以下情况有关。

1）**客户占企业产品销量的总体比重过大，此时客户谈判能力强。**因此，企业要尽量摆脱依靠少数大客户，因为这种情况下企业和大客户谈判的时候会很被动。

2）**供方是大量相对较小的企业。**这种情况下客户对于企业也具有较强的谈判力。

（4）潜在竞争者进入能力

很多行业都会遇到潜在竞争者进入的情况，尤其是当一个行业存在较大的市场空间或者较高的利润空间时，会吸引更多潜在竞争者进入。

潜在竞争者进入的能力强弱主要取决于两个因素：一个是潜在竞争者本身的综合实力，另一个是行业进入门槛的高低。

1）**潜在竞争者本身的综合实力越强，一般来说进入新行业的能力也越强。** 因为资金、公司的治理、组织等要素有共性，潜在竞争者从一个行业迁移到另一个行业时可以借鉴。当然，不是说一个综合实力强的企业从一个行业进入另一个行业一定能取得成功，只是比综合实力弱的企业的机会更多一些。

2）**进入门槛越高的行业，一般来说会使新进入者此前的一些优势难以发挥出来。** 所以，一个行业的门槛是这个行业企业的护城河。进入门槛高，能挡住更多的企业进入这个行业。

（5）**替代产品威胁能力**

产品的竞争不仅存在于同一类产品之间，还包括替代产品的威胁。以个人计算机为例，在台式机为主的时代，不同厂家的台式机之间的竞争非常激烈，例如戴尔、IBM和苹果等品牌之间的竞争。随着技术的发展，个人计算机逐渐从台式机发展到笔记本电脑阶段。此时，某品牌的台式机不仅要面临其他品牌的台式机竞争，还要面临笔记本电脑的竞争。笔记本电脑的出现使台式机面临了被替代的威胁。历史上有很多替代产品的竞争推动了市场的发展。例如，汽车取代了马车、电灯取代了煤油灯、计算器取代了算盘等。

替代产品是否会完全占领原有产品的市场取决于这两类产品

的发展情况。一般情况下，当原有产品有替代产品时，原有产品会在更加激烈的竞争环境中不断改进，如提高质量、降低成本或完善应用场景等。因此，替代产品的威胁程度取决于原有产品和替代产品的改进速度。最终，竞争获胜者将主导市场，甚至可能占有全部市场。以个人计算机为例，笔记本电脑要完全替代台式机可能需要很长时间，甚至很难完全替代，最终两者可能会长期共存。

迈克尔·波特的五力模型是一种很好的理论思考工具，但它也存在一些局限性。它包含一些假设，比如同行之间只有竞争关系，没有合作关系；行业的规模是固定的，只有通过夺取对手的份额才能占有更大的资源和市场。然而，在实际的商业中，同行之间既有竞争关系，也有合作关系。同行也可以通过合作，共同把整体市场蛋糕做大。通信设备行业比较符合五力模型的理论假设。通信设备市场相对稳定，不同的通信设备企业之间基本只有竞争关系，没有合作关系。但是，其他行业可能存在不同的情况。然而，无论如何，理论模型的作用主要是引导人们思考，而不是提供一个"包治百病"的实用工具。要真正让这种理论工具发挥实践作用，还需要应用者根据实际情况进行灵活应用。从这个角度来看，迈克尔·波特的五力模型对于企业制定战略仍然是一个非常好的参考工具。

以上介绍了企业进行宏观市场分析时可以使用的两个工具：PEST 和迈克尔·波特五力模型。实际上，在分析宏观和中观市场时，我们还可以结合其他一些工具，如 SWOT 分析、产品的生命周期分析等。由于篇幅有限，本书不做详细介绍，感兴趣的读者可以参考相关书籍和资料。

2.2 细分市场分析

1. 什么是市场细分行为

企业根据某种标准将顾客划分为若干个顾客群，每个顾客群形成一个细分市场。例如，手机产品有很多细分市场，从价格划分可以分为高、中、低端市场；从地域划分可以分为亚洲市场、欧美市场、南美洲市场等。不同细分市场的消费者对手机功能的需求也存在差异。此外，手机还可以细分为时尚、商务等类型。不同细分市场的需求存在明显差别。例如，高端手机对应的用户购买能力强，重点追求品牌和性能；低端手机对应的用户更注重性价比。

2. 为什么要做市场细分

首先，需求的差异性最终会体现在产品解决方案上。如果开发一个产品来满足所有细分市场客户的需求，那么这个产品的功能将会非常复杂，成本也会比较高。这样的产品很难有竞争力，因为客户可能不会使用产品的全部功能，造成了极大的浪费。因此，客户需求的差异性是市场细分的必要因素。

其次，从企业角度来看，企业的资源是有限的。不同细分市场的产品有不同的功能，甚至差异非常大，如果某个企业要进军整个大市场中的所有细分市场，那么它不仅要具备开发所有细分市场产品的能力，还需要具备在各个细分市场的营销能力。对于一个企业来说，要求非常高，基本上是不可实现的。

3. 如何做好细分市场分析

市场细分方法有不少，比如从需求、人口、地理因素细分，产品/市场组合矩阵图等。下面介绍一个经典且很好用的工具——

市场细分七步法。它最早是由美国市场学家杰罗姆·麦卡锡提出的，因此也被称为"麦卡锡七步法"，如图2-4所示。

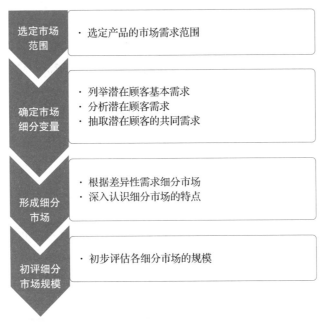

图2-4　麦卡锡七步法

本节以比较常见的产品——投影仪作为案例来说明如何用"麦卡锡七步法"做好细分市场分析。

第一步：选定产品的市场需求范围。

投影仪产品性能指标主要包括亮度、分辨率、焦距长短等。其中，最重要的性能指标是亮度和分辨率。亮度指标用流明度表示。流明度越高，表明越亮。分辨率指标和计算机、电视的分辨率指标相同，比如1K、2K、4K以及8K像素等。我们这里分析工程投影仪（一般亮度超过5000流明度的投影仪被称为"工程投影仪")的市场需求范围。我们在介绍工程投影仪产品之前，解释一下不同亮度的投影仪。我们常见的企业小型会议室的投影仪大概在 2000 流明度左右，而一个能容纳 60 人的教室的商用投影仪的亮度在 4000 流明度。5000 流明度以上的工程投影仪一般用在 100 人以上的特大型会议室、大型教室等场景。除此之外，很多场景需要用到更高流明度的工程投影仪，比如展览馆、户外广告、灯光秀等。按照麦卡锡分析法的第一步，工程投影仪的市场需求主要集中在空间大、背景光较强的场景。图 2-5 是某厂家的商用投影仪和工程投影仪。

商用投影仪　　　　　　　　　　工程投影仪

图 2-5　某厂家的商用投影仪和工程投影仪

第二步：列举潜在顾客基本需求。

潜在顾客对投影仪的基本需求包括能稳定、可靠、清晰地投影，且耐用、价格合适、体积适当、噪音可接受等。这些需求是所有投影仪必须要满足的。

第三步：分析潜在顾客需求。

对于那些对工程投影仪感兴趣的顾客来说，除了基本需求之外，他们还会追求更高的亮度，以满足特定场景的应用要求。此外，他们还可能对产品的其他特性有所期待，如支持吊装、色彩鲜艳等。然而，相较于亮度这一核心需求，这些附加特性的重要性相对较低。与商用投影仪相比，工程投影仪的需求场景相对较少。顾客对商用投影仪价格的敏感度较高，对工程投影仪的价格相对不敏感，这也反映出顾客的差异性需求。

第四步：抽取潜在顾客的共同需求。

对于投影仪来讲，能投影、可靠、稳定是共同需求。把这些共同需求都抽取后，剩下的就是差异性需求。

第五步：根据差异性需求细分市场。

具体到本案例，工程投影仪的差异性需求最重要的就是要求亮度高（超过5000流明度）。这么高流明度的投影仪只有用在面积较大，或者背景光较强、低流明度投影仪使用效果不好的场景。根据这个特性，我们可以找出各种可能的细分应用场景，比如前面提到的大教室、大型会议室、各种场馆以及室外等。

第六步：深入认识细分市场的特点。

对于大型场地、室外等应用投影仪的场景，它们都属于典型的高端市场。例如，大型会议室的数量相对较少，且通常用于企业的重要会议、重要培训等。此外，展览馆、体育场等场所也属于高端市场。高端市场的特点不仅包括对产品要求更高、对价格不太敏感，还可能包括竞争格局有所不同。以低流明度的投影仪为例，除了面临同行之间的竞争外，品外竞品包括液晶电视机、教育平板等。对于工程投影仪来说，品外竞品包括Mini LED、Micro LED等各种LED产品。此外，我们还需深入研究这些细分行业的商业模式。例如，由于工程投影仪的价格较高，部分用户仅偶尔需要使用，因此他们更倾向于选择租赁而非购买。在这种情况下，真正的用户并非你的潜在客户，而是提供投影仪出租服务的企业。这无疑会对产品的营销策略产生影响。

第七步：初步评估各细分市场的规模。

麦卡锡市场细分七步法的最后一步是在前面六步的基础上，初步评估各个细分市场的规模。评估方法有很多，比如利用行业研究报告、行业协会数据、政府机构发布的报告等，或者与客户和同行交流，从多个渠道获取数据，最后综合判断。

前面以投影仪这种比较常见的产品为例，介绍了如何使用麦卡锡细分市场七步法进行细分市场的分析。实际上，工程投影仪应用的细分市场对产品的特性要求不止亮度一个指标，还有其他指标，比如是否有电动镜头。电动镜头可以控制镜头的上下左右移动，操作起来更加方便。此外，工程投影仪一般还要求支持吊装等多种安装模式等。本例简化是为了让读者更好地理解"麦卡锡七步法"。

最后要说明的是，"麦卡锡七步法"作为细分市场的分析工具还存在一些不足之处。它没有提到细分市场的增长率和竞争情况等重要内容。然而，"麦卡锡七步法"作为细分市场方法论的一个框架，仍然是一个很好用的工具。因此，在市场细分分析方面，"麦卡锡七步法"仍然得到了广泛的应用。

2.3 战略定位分析

通过"麦卡锡七步法"，我们可以对细分市场做比较好的分析。企业如果对细分市场判断很准确的话，是不是就挑最有价值的细分市场进入？一般情况下，最有价值的细分市场竞争会比较激烈，企业必须要有与之匹配的竞争力才适合进入。因此，企业究竟该进入哪个细分市场，除了要评估细分市场的价值外，还需要评估其他因素。其中，战略定位分析法是解决这个问题的好工具。

战略定位分析（Strategy Positioning Analysis，SPAN）从市场吸引力和企业（或者产品）市场竞争地位两个维度进行分析，横坐标表示市场竞争地位，越往右表示市场竞争地位越强，纵坐标表示市场吸引力，越往上表示市场吸引力越大，如图 2-6 所示。

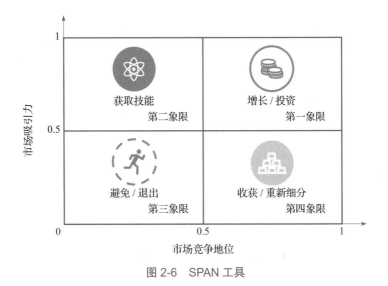

图 2-6　SPAN 工具

那么，如何使用战略定位分析工具？战略定位分析分两步走：第一步评估市场吸引力和市场竞争地位，第二步根据市场吸引力以及市场竞争地位的评估结果制定相应的策略。

1. 评估市场吸引力和市场竞争地位

（1）评估市场吸引力

市场吸引力是指产品或者服务引导客户购买和使用的力量，可以刺激消费者进行商业活动，是评估细分市场的重要特征之一。

评估市场吸引力需考虑市场规模、市场增长率、市场收益率、竞争强度、行业投资风险等多种因素。而每种因素可能还包括一些细分项，例如，"市场规模"因素包括"相对人口数量"和"人为贸易壁垒"细分项等。明确各细分项是市场吸引力评估4个动作中的第一个。在确定了各种因素和各细分项后，我们需要明确一个打分标准，比如设置"优秀"为5分，"良好"为4分，"一般"为3分，"差"为2分，"不可接受"为1分。这是第二个动作——确定评分标准。接下来给各种因素一个权重，比如市场规模的权重为0.4（总和为1），细分项"相对人口数量"的权重分解为0.2，"人为贸易壁垒"的权重也是0.2。其他因素的权重及分解也是采用同样的方法。这是第三个动作——确定权重。在完成了前面三个动作后，我们就可以给细分项的评价指标打分，并计算总分。这是最后一个动作。市场吸引力评估动作如图2-7所示。

图 2-7　市场吸引力评估动作

以表2-1数据为例，我们可以计算出市场吸引力的总分。

表 2-1　市场吸引力计算示例

吸引力评价指标		评分标准				
		优秀 （5分）	良好 （4分）	一般 （3分）	差 （2分）	不可接受 （1分）
市场规模 （0.4）	相对人口数量（0.2）		4			
	人为贸易壁垒（0.2）			3		

（续）

吸引力评价指标		评分标准				
		优秀 （5分）	良好 （4分）	一般 （3分）	差 （2分）	不可接受 （1分）
市场增长率（0.4）	市场增长率（0.4）	5				
市场收益率（0.2）	同行竞争激烈程度（0.05）	5				
	替代产品威胁（0.04）		4			
	新进入者威胁（0.06）		4			
	供应商谈判能力（0.05）				2	

根据以上4个动作，我们可计算出各细分项的分数。例中"相对人口数量"的权重为0.2，评分标准为4分，两者相乘得0.8分。"人为贸易壁垒"的权重也是0.2，评分标准为3分，两者相乘得0.6分。其他细分项的计算类似，综合起来可计算出总分。假设"市场规模"因素用字母 M1 表示，"市场增长率"因素用字母 M2 表示，"市场收益率"因素用字母 M3 表示，细分市场的总分用字母 M 表示，则可得到如下计算结果：

市场规模 $M1=0.2 \times 4+0.2 \times 3=1.4$

市场增长率 $M2=0.4 \times 5=2$

市场收益率 $M3=0.05 \times 5+0.04 \times 4+0.06 \times 4+0.05 \times 2=0.75$

该细分市场 M 的分数为 $M1+M2+M3=4.15$

如果有多个细分市场，我们可以按类似的方法计算出多个细分市场的得分，最后通过归一化处理，以得分最高的细分市场吸引力作为分母，从而使最具吸引力的细分市场归一化值达到1，其余细分市场的吸引力值都小于1。这样便可以使用图2-6。

（2）评估市场竞争地位

市场竞争地位是指企业或产品在目标细分市场中所占据的位置，也是企业规划竞争战略的重要依据。需要强调的是，市场吸引力关注的是市场层面，市场竞争地位关注的是企业或产品。这两者的关注点有所不同。与企业在细分市场竞争地位相关的因素包括企业的市场份额、市场份额的增长性、产品优势、品牌优势、渠道优势、生产能力、营销能力、技术能力等。这些因素体现了一个企业的综合能力。在这些因素中，部分因素对于评估市场竞争地位可能具有决定性作用。这些具有决定性作用的因素被称为"关键成功因素"。

市场竞争地位可以通过类似市场吸引力计算的方式进行计算：首先找到关键成功因素，然后确定评分标准，接着确定关键成功因素的权重，最后给关键成功因素打分并计算总分。与计算市场吸引力不同之处在于，关注点从细分项变为关键成功因素，但计算方法相同。读者可以根据表2-2中的数据计算出某企业在某细分市场的竞争地位。

表 2-2 市场竞争地位计算示例

序号	关建成功因素	权重	评分	得分
1	市场份额	0.4	5	
2	市场份额的增长性	0.2	4	
3	产品优势	0.2	4	
4	品牌优势	0.1	3	
5	渠道优势	0.1	4	
	合计	1		

2. 制定相应的策略

市场吸引力和市场竞争地位两个维度组合构成 4 个象限，针对不同组合需要制定不同的策略。

第一象限：处在这个象限的细分市场具有很强的吸引力，企业或者企业的产品在这个细分市场具有很强的竞争地位。企业的策略是在研发方面增加投入，进一步提升产品竞争力；在渠道和生产方面也需要加大投入，同时控制各方面的成本；在营销方面也需要加大投入力度。总之，企业的重点资源应该往处于这个象限的产品倾斜。我们把这个策略称为"增长 / 投资"，如图 2-8 所示。例如，比亚迪公司的新能源汽车市场、华为公司的信息通信市场就是这种情况。

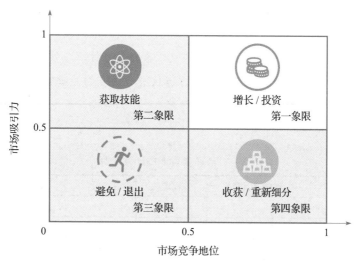

图 2-8　战略定位分析中的第一象限策略

第二象限：处在这个象限的细分市场虽然有很强的吸引力，

但是企业或企业的产品在这个细分市场的竞争地位较弱，它们通常还未盈利或者盈利很低。企业的策略是增强市场竞争地位。根据前面提到的市场竞争地位关键因素，识别出其中的关键因素，再结合自身的战略以及资源，有规划、分步骤地提升这些关键成功因素，逐步提升市场竞争地位。我们把这个策略称为"获取技能"，如图 2-9 所示。当然，也有企业不会选择进入这个细分市场，因为这不是自己的强项。

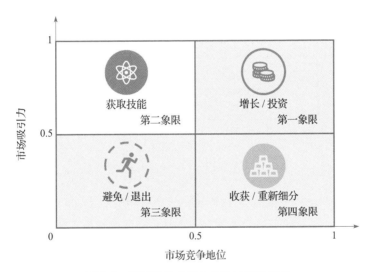

图 2-9　战略定位分析中的第二象限策略

第三象限：处在这个象限的细分市场既没有市场吸引力，企业或企业的产品在这个细分市场也没有竞争力。它们几乎没有利润、甚至亏损。企业的策略是减少投入，对于处于该象限的产品主要关注利润，如果没有利润则可以退出。我们把这个策略称为"避免 / 退出"，如图 2-10 所示。这种情况常见于某个行业进入衰退期，市场在逐步萎缩，存量产品也会逐步减少直至最后随同行业的消失而退出。例如，燃油车市场中，竞争力不是很强的企业属于这种情况。

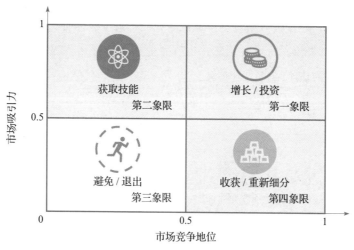

图 2-10 战略定位分析中的第三象限策略

第四象限：处在这个象限的细分市场吸引力比较弱，但是企业或企业的产品在这个细分市场具有很强的竞争优势。很多时候，这类产品反而有较高的利润。企业的策略是重点提高运营效率，包括控制成本，同时限制大规模的营销活动，研发活动也聚焦在降成本方面。这些活动的目的是使企业巩固在细分市场的竞争优势，并防止竞争对手进入这个细分领域。我们把这个策略称为"收获/重新细分"，即处在这种情况下企业盈利比较好。同时，如果有必要还可以在细分市场中做更加精准的细分，以进一步提升利润，如图 2-11 所示。这种情况常见于市场规模不大的细分行业，由于行业规模不大，很难吸引竞争力强大的龙头企业进入，因此处在这个细分行业的龙头企业能享受到比较高的利润。

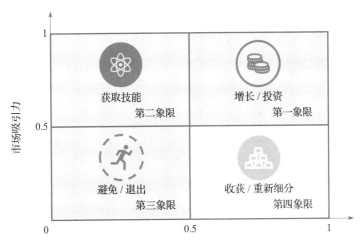

图 2-11　战略定位分析中的第四象限策略

　　战略定位分析对于企业制定合适的策略至关重要。第一象限是每个企业都渴望进入的细分市场。然而，由于市场吸引力强，必然会有大量的竞争者出现，因此确保竞争胜出并不容易。第二象限实际上是大量企业的真实写照，看似进入了一个好的市场，但由于自身竞争力不足，很难在这个市场中盈利。这些企业要么需要增强自身的竞争力，要么选择退出这个市场。第三象限是每个企业都应该尽量避免进入的市场。而第四象限市场吸引力看似不强，但有竞争力的企业仍然生存得非常好。许多市场规模不大的细分行业的隐形冠军都属于这种情况。总之，每个企业都应根据自身的资源和战略，选择适合自己的一个或几个细分市场进行发展。

2.4 产品规划

1.为什么需要做产品规划

企业在进行了宏观、中观的市场分析以及细分市场分析和战略定位后,如果明确了要进入哪些细分市场,接下来就需要通过一系列产品的布局进入这些市场。这些产品究竟以什么样的顺序推向市场(比如高端、中端、低端产品的先后顺序)、不同产品之间的依赖关系等,都需要进行详细的规划。

如果不进行产品规划,可能会导致企业在未来的某个时间段内,没有新产品推向市场,出现新产品的断档,从而影响企业的竞争力。因此,产品规划对于一个企业来说非常重要。

需要说明的是,前端流程的工作成果不仅仅是输出产品规划(如产品路线图),还包括输出市场分析和策略,比如企业针对不同的细分市场,采取什么销售策略、价格策略等,以及为了完成这些策略需要的保障条件,如资金、人才、制度等方面的支撑。本书侧重于产品研发,因此把重点放在产品规划上,后续的产品开发流程,就是基于产品规划进行的。

虽然产品规划对于企业很重要,但在有些情况下,没有产品规划对企业的影响也不大。例如,项目型公司的运作方式是按项目交付,项目内容完全取决于客户的需求,不同的客户需求可能存在很大的差别,因此企业难以提前进行产品规划。根据项目的需求再提供解决方案会是一个更好的选择。另外,当规模非常小,企业还没有积累到一定的产品经验时,不做产品规划对企业的影响并不大。此时,企业的重点应该放在捕捉商业机会上,快速响应客户需求,迅速推出产品,而不需要提前去做详细的产品规划。

2.产品排序原因

企业为什么要对即将开发的产品进行排序,有以下几个原因。

首先,企业的资源总是有限的。无论企业规模再大、实力再强,资源都是有限的。然而,未来可开发的产品可以非常多。如果企业将所有可做的产品都生产出来,投入产出比会非常低。因此,筛选更有价值的产品进行生产是必要的,而筛选产品的依据就是对产品进行排序。

其次,和企业实力、品牌影响力及其他能力有关。例如,实力和品牌影响力较弱的企业应该首先推出低端产品,待企业实力和品牌影响力提升后,再逐步推出中高端产品。如果在企业实力和品牌影响力较弱的情况下推出高端产品,即使产品研发出来了,也很难获得高端市场的认可。然而,像苹果这样实力雄厚、品牌影响力强大的企业,在产品规划中可首先推出高端产品,然后可能考虑降低成本推出低端产品。甚至很多头部企业并不会推出低端产品,以免影响其品牌地位。此外,企业推出产品时优先考虑与其渠道和销售能力相匹配。这些不同的考量都需要经过产品排序,只是排序的依据不同而已。

最后,不同的产品之间有可能存在先后实现的逻辑关系。企业规划的多个产品有可能产品与产品之间存在依赖或者组合关系。例如,A产品经过成功验证的技术,是B产品实现的必要技术,那么A产品实现的时间要早于B产品。如果C产品和D产品的组合才能生成E产品,那么E产品实现的时间一定要晚于C产品和D产品实现的时间。产品先后实现的逻辑关系示意图如图2-12所示。

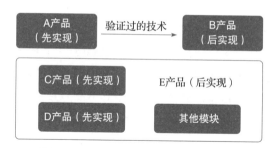

图 2-12　产品先后实现逻辑关系示意图

产品排序的目的是聚焦资源，把合适的资源投入到合适的产品研发中，另外也是考虑了产品间的先后实现逻辑关系。

3. 产品排序原则

产品排序可以参照"7、2、1"原则。这一原则参照了通用电气前 CEO 杰克·韦尔奇提出的"活力曲线"的原理。该原则将员工按业绩分成 A、B、C 三类，分别占员工总数的 20%（优秀）、70%（良好）和 10%（待提升）。针对这三类员工，企业可以采取不同的管理方法。

在产品排序中，"7、2、1"原则的含义是：70% 的聚焦项目、20% 的重大突破项目以及 10% 的新布局项目，具体可以参考图 2-13。

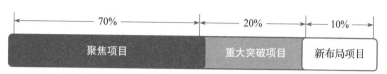

图 2-13　产品排序的"7、2、1"原则

（1）聚焦项目

聚焦项目是指为企业带来主要销售额、利润、市场份额或者

品牌影响力的项目。这些项目做好了能保持企业的核心竞争力，确保企业不会掉队。

（2）重大突破项目

重大突破项目是指虽然当前销售额不高、利润不高，但是市场潜力巨大，可能是针对重大客户布局的项目。这些项目有望在未来给企业带来巨大的收益。如果把这些项目做好了，企业可以上一个新台阶。

（3）新布局项目

新布局项目在短期内难以产生利润，但有巨大的发展潜力，对企业的长远发展有重大影响。因此，企业将其视为尝试性布局的项目。对于这类项目，企业需要定期审视其发展情况，同时不宜过多投入资源。

"7、2、1"原则强调分清业务在某段时间内对企业贡献的重要程度，并对业务进行差异化资源配置。我们将最多的资源配置给对企业当前贡献最大的项目，将一定的资源配置给一些具有挑战性且有可能将企业推向新台阶的项目，而将最少的一部分资源配置给企业未来长远布局的项目。这体现了企业科学、合理地规划近期、中期和长期发展的理念。

最后需要注意的是，这里的"7、2、1"并不是严格意义上的70%、20%、10%，只是大致的比例关系。同时，这里的资源也不仅仅指资金，而是包括人力、财务和物资等资源的总和。

4.产品规划方法

比较常见的产品规划方法有两种，分别是自下而上法和自上而下法。

（1）自下而上法

自下而上法是指下级产品部门把自己规划的产品层层上报，最后由企业负责产品规划的最高层部门进行有机整合，形成整个企业的产品规划，如图 2-14 所示。

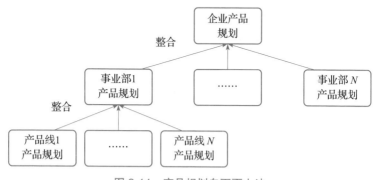

图 2-14 产品规划自下而上法

（2）自上而下法

自上而下法是指企业负责产品规划的最高层部门规划好整个企业的产品，然后由下级产品部门进行分解和执行，形成各产品部门的产品规划，如图 2-15 所示。

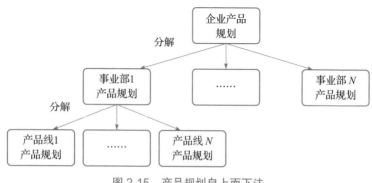

图 2-15 产品规划自上而下法

自下而上法和自上而下法各具优点和缺点。自下而上法的优势在于下级产品部门更清楚自己的资源、能力和产品实现的可行性。它的缺点是缺乏全局视角，容易导致目光短浅。相比之下，自上而下法的优点是高层部门具备更强的全局观，规划的产品更符合企业的战略方向。然而，高层部门在资源评估方面不如下级产品部门准确，容易出现产品规划与实际执行时的资源冲突。

因此，对于大型企业，尤其是集团型企业，一个较好的做法是先采用自下而上法。下级产品部门可以上报它们的产品规划内容，然后集团高层规划部门根据企业战略对各个产品部门的规划进行评估、沟通，并进行必要的调整或整合，形成集团层面的产品规划。最后，通过自上而下法将规划下发到各个产品部门执行。对于中小型企业来说，由于组织层级较少，高层对基层情况较为了解，可以采用自上而下法。高层规划部门可以直接制定好产品规划，并将其分解到下级各个产品部门执行，以提高产品规划的效率。

5. 产品路线图

产品规划的核心成果是产品路线图。作为企业前端流程的关键组成部分，产品路线图详细规划了企业在不同时间段需要研发的产品。因此，产品路线图被视为公司的重要资产之一。

通常，产品路线图通过横纵坐标构成的象限来展示。不同企业可能采用不同的表达方式，但产品路线图通常包含以下要素：时间、产品型号以及其主要特性。此外，为了提供更丰富的信息，产品路线图还可以利用不同的颜色、框图面积以及字体来区分产品。图 2-16 展示了某通信企业的 GSM（全球移动通信系统，2G 通信的主流标准）产品路线。

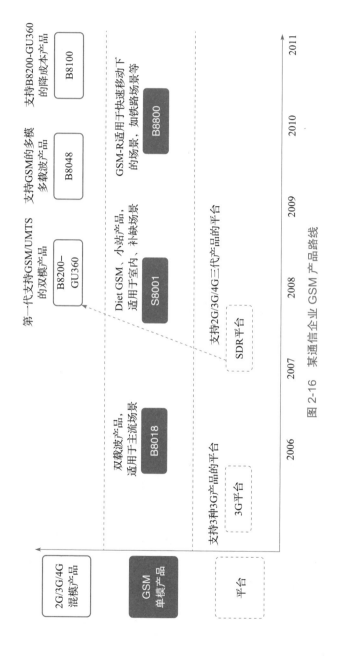

图 2-16 某通信企业 GSM 产品路线

该产品线规划的产品路标有几个节点。

1）GSM 单模产品。首先推出主流应用场景的 B8018 产品，然后再逐步推出细分应用场景的 S8001 产品和 B8800 产品。这表明该企业是通信行业的主流企业，因为它推出的第一款产品就是主流应用场景。主流场景下的竞争很激烈，所以这个行业的后来者或者弱小者，一般会采取差异化战略，首先推出应用场景较少、领先企业暂时未关注的细分场景产品。

2）平台。该企业规划的平台是一个融合几种 3G 标准（TD-SCDMA、W-CDMA 和 CDMA2000），然后向 4G 产品演进的 SDR（Software Defined Radio，软件定义无线电）平台。GSM 产品线在借用了公司级 SDR 平台的基础上，推出了支持 GSM（2G）和 W-CDMA（3G）共存的解决方案，大大增强了 GSM 产品的竞争力。因为在 2008 年前后，全球各国陆续发放了 3G 牌照。因此，如果一个 2G 产品能够以较低的成本升级到 3G 产品，那么该产品将有很强的市场竞争力。

3）2G/3G/4G 混模产品。该企业首先开发 B8200-GU360 产品，接着开发性能更强的 B8048 产品，最后开发成本更低的 B8100 产品。这体现了该企业正面竞争的市场战略和产品战略。产品线初期主要研发主流产品，随着产品性能的不断加强，该企业在主流市场中站稳脚跟，再通过降低成本来获得更高的利润。同时，低成本产品还可以推向低端市场，从而扩大市场范围。

一个企业的产品路线图必须与自身的市场竞争地位和战略相匹配，否则规划的产品在市场上很难具备竞争力。产品路线图是产品规划的呈现结果，但在其背后还需要许多配套资源和策略，如人力、财力、物力的支撑、销售策略和品牌宣传策略等。如果没有足够的资源支持,产品路线图将只是空中楼阁。同样,即使再合适的产品,如果没有相应的销售策略,也未必能够取得良好的销售结果。因此,在输出产品路线图之外,产品规划活动还需要输出各种资源的分析和相应的策略等。

产品路线图制定之后并非一成不变。大多数企业会按年度进行产品规划,并在每年更新规划路线图。这是因为经过相对较长的时间,外部环境可能发生了较大变化,企业需要对产品路线图进行调整。

除了例行的年度审视和调整产品路线图外,一些重大事件也会触发企业临时调整产品路线图。例如,企业内部资源发生重大变化,如主要人才团队的流失或新增大量资源等。又如,外部竞争出现预期之外的变化,如竞争产品大幅度提价或降价。

2.5 案例 2-1:通信设备企业如何运用迈克尔·波特五力模型构筑自己的竞争战略

本案例以通信产业中通信设备企业为例,介绍这个行业中的企业如何使用迈克尔·波特五力模型来分析各种竞争能力,帮助企业制定总体战略和市场、产品战略等。框架图如图 2-17 所示。

当前,通信设备行业中全球主流企业有 5 家,分别是华为、爱立信、诺基亚、中兴通讯和三星。这 5 家企业的市场份额占全球电信设备总市场的 80% 以上,而且市场份额还在进一步提高。下面从迈克尔·波特五力模型来分析通信设备企业的竞争能力。

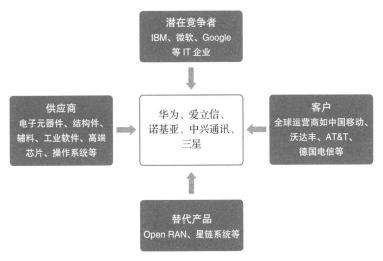

图 2-17　通信设备企业的迈克尔·波特五力模型

（1）同行业竞争者之间的竞争关系

这是通信设备行业的主要竞争关系。通信设备行业经过几十年的快速发展，现在已经进入一个稳定的发展阶段。市场增速放缓，导致这个行业进入一个存量竞争时代，企业间的竞争在加剧，基本上是此消彼长的过程。哪家企业的竞争力上升了，与之对应的是市场占有率提升；反之，市场占有率会下降。

（2）与供应商的谈判能力

通信设备行业中的主流企业基本上是大公司，这些企业的销售额均超过 1 千亿元，因此与供应商的谈判能力较强。比如在机械件、一般电子元器件、各种产品的辅料等常规物料的采购谈判中，大型通信设备企业与供应商的谈判能力极强。然而，通信设备企业并不是对所有上游供应商都有很强的谈判能力。例如对于一些全球只有 1～2 家企业才能供应的芯片、工业软件以及操作系统等，通信设备企业通常处于谈判的劣势。例如 5G 基站中的核心射频器件、EDA 软件等，全球只有少数几家供应商，甚至全球只有 1 家企业能提供。在这种情况下，通信设备企业的供应商就有很强的谈判能力。

（3）与客户的谈判能力

许多通信设备企业进行多元化经营。除了电信产品，这些企业还提供企业业务和终端业务等，例如华为、中兴通讯、诺基亚等，三星更是多元化的"巨无霸"企业。以电信产品为例，这种产品的客户主要是全球各个国家的运营商，如中国的移动、电信、联通三大运营商，德国的德国电信，英国的沃达丰，美国的AT&T，日本的软银等。

由于全球主流通信设备企业数量较少，因此通信设备企业在与大多数客户，尤其是中小型客户，谈判能力较强，形成了典型的"乙方强势，甲方弱势"的局面。对于大型运营商客户，它们的谈判能力则相对较强，如中国移动、沃达丰、AT&T 等全球性知名运营商等。

（4）潜在竞争者的进入能力

通信设备行业是一个门槛非常高的行业，主要体现在以下几个方面：需要遵循标准组织如 3GPP、ITU 等制定的各种标准；技术门槛非常高；资金要求高；人才密度要求高。

由于这些高门槛的存在，许多企业无法进入该行业。实际上，自 2000 年以来，许多通信设备企业在激烈的竞争中退出了这个行业，例如摩托罗拉、北电、朗讯等曾经的巨头企业要么倒闭，要么被并购，形成了今天全球"五大巨头"的格局。然而，这五大巨头中的三星是在最近 10 年才重新进入通信设备行业的。在过去的 10 年里，只有三星一家企业成功地从外部行业进入通信设备行业并成为主流企业。三星的通信产品背靠实力雄厚的三星集团。尽管如此，在通信设备行业中，三星仍然排名第五，并且与前四名企业的市场占有率存在较大差距。由此可见，潜在竞争者很难进入通信设备行业。

（5）替代产品的威胁能力

目前，电信产品的架构采用的是无线接入网（Radio Access Network，RAN）架构。无线接入网架构涉及的设备有基站（Node B）、无线网络控制器（RNC）。在过去的几十年里，通信网络的发展是基于 RAN 架构不断演进的，例如从 2G 到 3G、4G 以及现在的 5G。尽管每代网络的能力都在提升，但 RAN 架构并未改变。因此，通信设备企业之间的竞争都是基于 RAN 架构进行的。

然而，在过去的 10 年里，各种不同架构的通信产品一直在尝试进入电信领域。例如，作者在 2007 年曾参与一个由某运营商主导、IBM 和中兴通讯共同参与的项目，该项目的目标是用服务器替代基站中的基带单元（BBU）。如果这个项目成功，那么像英特尔、IBM、微软这样的大量 IT 厂商将能够轻松地进入电信领域。然而，经过后续的测试发现，这种架构下的产品性能与 RAN 架构下的产品性能存在很大的差距，因此项目最终被迫终止。

近年来，一些运营商如 AT&T、沃达丰等，以及大量互联网公司如 Facebook、Fujitsu、Google、IBM、Intel、Microsoft 等共

同成立了 Open RAN（开放式 RAN）联盟组织。它们的目标是通过 Open RAN 架构来替代现有的 RAN 架构，从而对现有的电信产品"五大巨头"进行颠覆式竞争。然而，从近几年的竞争情况来看，Open RAN 架构暂时还没有显示出明显的优势。

目前，主流的五家通信设备商在五力模型方面的策略主要包括以下几点。首先，它们与同行之间主要是竞争的关系；其次，它们对谈判能力很强的部分供应商进行替代，例如，采用自主研发的方式生产核心的基带芯片和射频芯片，以替代之前由高通、XILINX（已被 AMD 收购）等全球巨头的供应，从而大大削弱了供应商的谈判能力；再次，它们对下游重点客户采取系列演进的方案，为客户提供的产品和解决方案具有更强的黏性，以提升自己在客户处的谈判能力；此外，它们不断地增强自己的综合能力，以提升潜在竞争者进入这个行业的门槛，例如，它们自研核心芯片，进一步加深了这个行业的护城河，使潜在竞争者更难进入；最后，它们不断提升产品和解决方案的性能，并降低产品价格，提升性价比，以降低替代品的竞争力。

2.6　本章小结

1）前端流程的起点是宏观市场分析，可通过使用 PEST、迈克尔·波特五力模型等分析工具对市场进行宏观、中观的分析。其中，PEST 分析是指对潜在市场的政治、经济、社会和技术 4 个方面进行全面的分析，而迈克尔·波特五力模型分别从同行业竞争者、供应商、客户、潜在竞争者以及替代品 5 个维度的竞争能力进行分析。这两个工具可帮助企业制定战略。

2）研究各个不同细分市场的特点，并最终为部分细分市场提供产品或服务，对一个企业至关重要。市场细分工具"麦卡锡七步法"包括：选定产品的市场需求范围、列举潜在顾客基本需求、分析潜在顾客需求、抽取潜在顾客的共同需求、根据差异性需求细分市场、深入认识细分市场的特点以及初步评估各细分市场的规模。

3）战略定位分别从市场吸引力和市场竞争地位两个维度的组合进行分析，两个维度构成4种组合，以四个象限来表示。第一象限表示某个细分市场有吸引力，而企业或者产品的市场竞争地位也强，企业的策略是增加投资，确保获得增长。第二象限表示某个细分市场虽然有吸引力，但企业或者产品的市场竞争地位不强，企业的策略是补短板，但也有企业放弃这个细分市场，选择做自己擅长的事情。第三象限表示细分市场没有吸引力，企业或者产品的市场竞争地位也不强，避免进入或者退出这个市场是最好的选择。第四象限表示某个细分市场没有吸引力，但是企业或者产品市场竞争地位强，对应的策略是继续深耕，不断提高竞争力获得更高的利润。

4）"7、2、1"原则对产品开发进行排序的原理是70%的资源投入在聚焦项目上，20%的资源投入在重大突破项目上，10%的资源投入在新布局项目上。产品规划的方法分为自下而上法和自上而下法，大型公司一般使用自下而上和自上而下相结合的方法，中小型公司一般使用自上而下法，以提高效率。

5）产品规划输出最重要的成果是产品路线图。产品路线图一般包括时间、产品型号等要素，也可以包括更多一些要素，取决于实际需要。产品路线图的实现需要很多配套资源和策略等的支持，否则产品路线图只是空中楼阁。产品路线图需要定期回顾和调整，而临时调整由内外部因素的突然变化引起。

☞ **实务经验**

❑ 对于大型公司，前端流程主要由市场部或销售部负责。前端流程的输出主要包括市场分析报告、产品规划报告和市场策略报告等。

❑ 对于小型或初创公司，企业不需要前端流程或者可以弱化前端流程，以满足当期客户需求为主。

❑ 对于项目型公司，企业可以简化前端流程，主要完成市场分析、细分市场分析以及战略定位等工作，可以弱化产品规划甚至不需要产品规划工作，但需要考虑技术规划，以形成技术平台或公共模块，提升项目的交付效率。

第3章 | CHAPTER

需求管理流程

产品研发是从客户的需求出发，最终满足客户的需求。本章内容主要包括企业需求管理中常见的问题、统一需求描述的 $APPEALS 模型以及需求管理流程的 5 个阶段。需求管理流程的 5 个阶段分别是需求的收集、分析、分配、实现和验证。

3.1 企业需求管理的常见问题

根据对大量企业的调研，我们发现需求管理是大部分企业做得不够好的地方。在需求管理方面，大部分企业或多或少存在以下问题。

1. 需求收集的随意性

需求收集的随意性指的是一个企业的任何员工都可以通过正式或非正式的方式收集需求。这意味着任何员工可以从任何渠道获取需求。然而，这种随意性导致需求收集的质量很差，容易获取重复、混淆的需求，从而严重影响企业需求的收集质量。

2. 客户需求传递到研发人员时，产生了重大偏差

许多企业通常由销售人员或市场人员与客户交流，将客户的需求描述出来后传达给研发人员。然而，研发人员对需求的理解与客户的需求存在偏差，有时甚至是巨大的偏差，导致研发出的产品难以满足客户的需求。

3. 需求跟丢了，最后交付时发现少了需求

客户的原始需求在研发实现的过程中管理不善，导致产品最后交付给客户的时候，有些需求没有实现，延迟交付。

4. 研发人员在实现需求时任意增删需求

研发人员在实现需求的过程中，根据自己的经验对需求进行判断。他们可能会删除自己认为没必要的需求，或者增加自己认为很重要但不是客户想要的需求。然而，增加需求容易导致额外增加资源投入，甚至延误进度；删除需求则直接影响到向客户交付产品的需求满足度。

5. 研发人员自己验证客户需求，既当"运动员"，又当"裁判员"

当产品开发和自测等工作完成后，验证仍然由研发人员进

行。在这种情况下，研发人员既是运动员又是裁判，这可能导致需求验证不充分或不够客观，从而影响到向客户交付产品的质量。

除了上述常见问题外，企业在需求管理中还面临其他挑战，如需求的分析和分配存在问题、人员能力不足、组织分配不合适等。

3.2　需求描述模型

在介绍需求管理流程之前，笔者想先向大家介绍一个非常实用的工具：$APPEALS 模型。这个模型对于编写各种需求文档（如市场需求说明书、需求库文件等）都非常有帮助。

$APPEALS 模型最早是由 IBM 公司开发用于需求分析的工具。IBM 将客户的需求分成了 8 个维度，分别是 $（Price，产品价格）、A（Availability，可获得性）、P（Packaging，包装）、P（Performance，性能）、E（Easy to use，易用性）、A（Assurances，保证程度）、L（Life cycle of cost，生命周期成本）和 S（Social acceptance，社会接受程度）。

1）$：表示客户对于他们获得的合格产品 / 服务所愿意支付的价格。

2）A：表示客户在购买过程中的便利性。

3）P：表示客户期望的设计质量、特性和外观等视觉特征。

4）P：表示客户期望的产品功能和性能。

5）E：表示产品 / 服务易于使用方面的性能。

6）A：表示产品 / 服务可靠、安全和品质等属性。

7）L：表示产品整个生命周期的使用成本，包括了产品价格。

8）S：表示社会大众对产品 / 服务的接受和认可程度，一般和品牌有关系。

下面以汽车产品的需求为例，介绍如何使用 $APPEALS 模型，如表 3-1 所示。

表 3-1　汽车产品需求的 $APPEALS 模型

维度	简要解释	对应描述
$：产品价格	客户购买价格以及其他商务条款	裸车价、税费、保险费、上牌费等
A：可获得性	购买的便利性、周期、渠道等	4S 店数量及距离、取车时间、上牌时间等
P：包装	非功能性需求之一	外观、颜色、内饰等
P：性能	产品的功能、性能、质量、可靠性等	动力：排量，百公里加速时间，尺寸、油耗，各种安全和其他辅助功能等
E：易用性	产品是否容易使用	操控性、人机工程等
A：保证程度	是否解决放心使用的问题	汽车安全性、质量、售后服务等
L：生命周期成本	从产品购买到报废整个阶段所花费的各种费用	燃油费、保养费、保险费、停车费等
S：社会接受程度	其他人对你产品的观点和看法	国家、品牌、型号、特性等

尽管客户的需求可以被归纳为以上 8 个维度，但这并不意味着所有维度都具有相同的重要性，每个维度的重要性取决于产品的特性和目标市场的特点。例如，对于降落伞这类产品，安全性是关注的，价格则是次要的考虑因素。然而，对于许多其他产品来说，价格和生命周期成本可能是最为关键的考量点。以汽车为

例，经济状况较好的消费者可能更加重视车辆的性能、社会接受度和可获得性，经济状况较差的消费者则可能更加关心产品价格和生命周期成本。因此，在评估产品需求时，我们必须从多个维度进行综合考虑。针对不同的客户群体，所采取的解决方案也会有所不同。

实际上，$APPEALS 模型不仅可以用于描述需求，还可以结合雷达图用来分析产品、企业之间的竞争强弱关系，如图 3-1 所示。图 3-1 中浅色代表自身的产品，深色代表竞争产品。

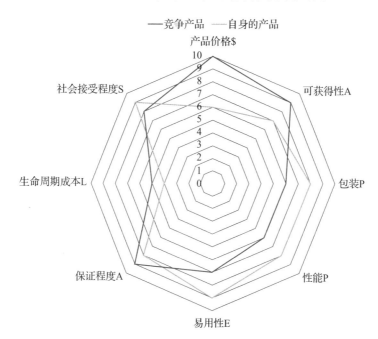

图 3-1　自身产品和竞争产品对比雷达图

从图 3-1 中可以明显看出，自身的产品在包装、性能、易用性以及社会接受程度都领先于竞争对手。竞争对手则在产品价格、可获得性、保证程度以及生命周期成本 4 个方面占据优势。尽管双方产品各自在不同维度上领先，但最终哪个产品的竞争力更强，取决于这个细分市场的客户需求。

由于篇幅有限，本书将不详细介绍 $APPEALS 模型在其他领域的应用。对于此部分内容感兴趣的读者，可以参考后面相关的参考书目和其他资料。

3.3 需求管理阶段

需求管理从前到后有 5 个阶段，分别是需求收集、需求分析、需求分配、需求实现和需求验证，如图 3-2 所示。

图 3-2 需求管理流程中的 5 个阶段

第 2 章介绍的前端流程，除了进行市场分析、细分市场分析和战略定位外，实际上还包括收集市场需求和客户需求，并对各种需求进行分析和分配，形成产品规划。事实上，前端流程和需求管理流程中的需求收集、需求分析和需求分配等环节相互依赖，互为输入条件。充分的需求收集、科学的需求分析和分配，可以更好地支持进行市场分析、产品规划等工作，而市场分析过程中，通过研究行业、拜访客户等活动，能更充分地收集需求。

1. 需求收集

需求收集是需求管理的第一个环节，是企业产品研发的开始。需求来源包括外部来源和内部来源。

外部来源包括来自客户的具体需求、对市场和行业的分析、对竞争对手的分析等，也包括来自对国家政策的解读、参加各种行业协会的交流获取的信息等。其中，来自客户的具体需求最为直接，也是最重要的，是一个企业立项进行产品开发的主要依据。我们把来自客户的具体需求称为客户需求，而把来自对行业分析、对政策的解读以及对竞品分析得出的共性需求称为市场需求。市场需求和客户需求的最大区别是市场需求更加共性，而客户需求更加个性。客户需求和市场需求大部分是重叠的，但是客户需求的个性化差异是企业进行产品研发最需要关注的需求。如前文所述，本书在表达时不对客户需求和市场需求做详细区分。

内部来源包括来自公司市场、研发、生产和服务等部门长期的经验积累以及对行业的理解而产生的一些需求。这些需求一般是市场上还未表现出来，或者客户没有提出来，但是企业本身由于长期的积累而提出的。内部需求也有一定的价值，比如可以提升产品的竞争力，给客户超出预期的表现，也可以提醒客户，避免客户遗漏了一些重要的需求。

尽管需求有外部和内部来源，但企业在进行产品开发时，应以外部需求为主。所谓的"以客户为中心"，就是以外部需求为主，兼顾内部需求，切忌以企业自身的需求为主进行产品开发。

最后要说明的是，企业的需求收集是一个持续的过程。

2. 需求分析

企业通过市场分析和客户拜访等途径收集到了大量需求，接下来需要对这些需求进行分析。不同客户对需求的描述和表达方式各有不同，这可能导致一些看似不同的需求在经过分析后实际上是相同的。因此，第一步需要对收集到的需求进行过滤。这个过程包括使用上文提到的 $APPEALS 模型进行统一语言描述，以过滤掉重复和无效的需求。在此基础上对有效的需求进行进一步分析，包括对需求对应功能 / 性能分类、适用客户分类、重要性分类、紧急性分类等。需求分析是一项复杂但非常重要的任务。不合理的分析可能会导致后续开发出的产品销售不佳。因此，这项工作对分析人员的能力和组织方式要求很高。有些企业会专门成立需求分析团队来完成这项工作。需求分析是一个持续的过程，但是这项工作可以通过制定机制定期进行，以提升效率。

3. 需求分配

在分析收集到的需求后，下一步是对它们进行分配。所谓的"需求分配"，是根据客户提出的需求，对这些需求对应功能 / 性能、重要性等指标进行评估，然后将它们分配到不同的项目中去实现。这样做的目的是最大限度地满足客户的需求，使产品更具竞争力。因此，第 2 章介绍的产品规划本质上也是一个需求分配的过程。此外，需求分配还可以针对当前正在进行的项目任务，根据需求的不同情况，将其分配给正在开发的各个项目。例如，对于 MTBF（Mean Time Between Failure，平均无故障工作时间）指标需求，1 万小时的工作需求可能分配到低端型号产品上，2 万小时的工作需求可分配到高端型号产品上。同样，对于电动汽车电池的续航里程 600 千米的需求，可以将其分配到当年开发的产品上，并形成项目任务。然而，对于 800 千米甚至更长的续航里程的需求，可能会被分配到 2 年后规划的产品上，从而形成产品路标。

4. 需求实现

需求实现是对已立项的需求进行产品开发的过程。它涵盖了从产品定义开始，经过各个开发阶段，直到性能全面测试的过程。需求实现和 V 模型的对应关系如图 3-3 所示。在需求实现的过程中，客户和市场方面可能会产生新的需求，对正在进行开发的产品产生影响。这时，我们需要对需求进行增、删或修改。这个过程被称为"需求变更"。为了保障需求变更的有效实施，我们需要建立相应的机制、流程和组织，否则可能导致需求丢失、开发与市场脱节等问题出现。

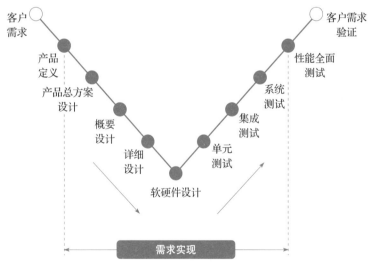

图 3-3　需求实现和 V 模型的对应关系

5. 需求验证

需求验证是需求管理的最后一步。它表示在需求实现后，即

将向客户交付的时候，站在客户的角度来验证产品是否满足客户
的需求。需求验证和产品研发内部的测试有区别。产品研发内部
的测试是站在研发的角度看研发工作是否达成了目标，需求验证
是站在客户的角度，来验证客户的需求是否被满足。

（1）常见问题

在一些企业中，需求验证环节是缺失的，产品只要研发测试
通过，就交付给客户。有些企业虽然有需求验证环节，但是需求
验证的人员是研发人员。研发人员的角色决定了他们验证时更多
地站在研发角度看问题，忽视了客户的需求和关注点，容易导致
验证不充分。这两种情况都容易导致产品在交付给客户的时候出
现各种问题。

（2）好的做法

事实上，最好的做法是由市场人员或运营人员站在客户的立
场，根据市场和客户的原始需求，采用黑盒验证的方式进行充分
验证。因此，有时我们也将需求验证称为企业代表客户提前进行
产品验收。在通信设备行业，一些标杆企业内部的市场团队、售
后团队对产品的原始需求进行验证的同时，还会到客户（如运营
商）处开展实验验证。这种实验验证完全模拟了未来产品的真实
应用场景，因此能够更好地实现需求的验证。

6.需求管理问题的解决方案

以上介绍了需求管理流程中的 5 个阶段，企业如果做好了这
5 个阶段，需求管理水平可以上一个台阶。需求管理流程中的 5
个阶段具体的工作如图 3-4 所示。

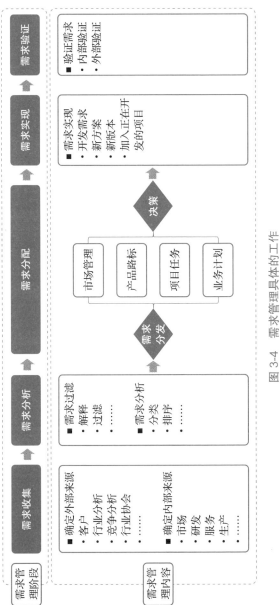

图 3-4 需求管理具体的工作

针对 3.1 节中提到需求管理常见的一些问题，该如何解决？

比如针对"需求收集的随意性"这个问题，解决方法包括企业制定相应的制度，规定销售、市场等部门人员去拜访客户、参加各种会议后，在一定时间内按照统一的模板提交收集到的需求清单。有需求管理 IT 系统的企业需要需求收集人员按照固定格式在需求库中录入需求。同时，企业需要有需求维护人员，有的企业叫"需求管理员"，这个角色可全职也可兼职，取决于企业的规模。但需求收集需要规定统一入口、统一格式，不能有多个入口、多种模板甚至没有模板随机填写。这样才能保持需求输入的科学性和规范性。这种规定统一需求输入的方式也能解决上文提到的"研发人员在实现需求时任意增删需求"的问题。

大到企业层面，小到项目层面，不同层面都有对应角色来维护相应的需求，能有效避免多头管理等于没人管理的情况出现，也就解决了"需求容易跟丢"等问题。

针对"客户的需求传递到研发人员，产生了重大偏差"这个问题，主要原因是有些企业的销售人员不懂技术，或者刚刚进入这个行业，在和客户交流时对于客户描述的需求出现较大的理解偏差，再经过多个环节，传递到研发人员，是完全可能出现重大偏差的。解决这个问题有几个方法，包括安排既懂市场又懂技术的专业人员和客户交流，或者安排研发人员和销售人员共同和客户交流等。

最后，需求管理流程中有一些过程文档和输出文档至关重要。比如过程文档中的需求收集表规定按统一的格式填写需求。需求管理库表格包括一个事业部甚至一个公司的需求。输出的市场需求说明书或者客户需求说明书描述了某个项目要实现的需求条目，以及这些条目对应的具体内容和解释等，是项目立项必不可少的文档。

3.4 案例 3-1：一家知名汽车零部件企业的需求管理流程改进

1. 背景

该公司是汽车零部件行业的一家知名企业，也是我们曾经提供咨询服务的客户之一。本案例将重点解析需求管理流程的改进。

在 2021 年 9 月，我们团队进入该企业，并进行了为期一个月的调研诊断工作。基于近百份调研访谈报告和行业研究资料，我们为客户制定了一份产品研发诊断报告。根据诊断结果，我们为客户量身定制了一套产品研发改进方案。我们团队将经典的 IPD 体系与客户的实际情况相结合，打造了一套精简型 IPD 体系，并将其命名为 LIPD 体系（Lite IPD，精简型 IPD）。本案例主要关注需求管理流程的问题和改进。

在调研过程中，我们发现客户在之前的产品研发过程中，并没有形成一套完整的需求管理流程。需求管理的制度、团队角色以及统一的模板等关键要素都不够完善，甚至存在一些重要的缺失。企业在需求管理方面的不足导致了产品开发过程中的诸多问题。例如，由于缺乏明确的需求收集制度，许多销售和市场人员在拜访客户后并未带回任何需求信息。尽管他们参加了各种行业交流和研讨会，但并未从中提炼出有价值的需求，这导致公司的原始需求总量较少，进而影响了企业对行业的判断。此外，缺乏统一的需求收集表单，拜访客户的员工在填写需求时各行其是，这大大增加了后期需求分析的难度，甚至可能导致一些重要信息的遗漏。同时，企业也缺乏专门负责需求维护的角色，这使需求的管理和控制缺乏统一的入口和出口。结果就是，许多角色都可以随意更改或删除需求，最终导致产品交付时与客户的需求存在偏差。事实上，企业曾出现过这样的问题：在产品开发过程中，研发人员自行增加了一些需求，导致研发工作量大幅增加，进而影响了项目的交付。

2. 改进

针对该企业在需求管理方面存在的这些问题，我们团队在为其量身打造的 LIPD 体系中，专门设计了一个需求管理模块，从根本上解决该企业在需求管理方面存在的问题。

在这次为客户打造的 LIPD 体系中，需求管理模块涉及以下层面。

（1）制度层面

规范需求收集制度，比如规定凡是出差和客户交流的员工，回到公司后必须要提交收集到的需求，作为出差成果之一。只有提交了需求收集报告，出差报销流程才能往下走。规定专门的需求管理人员作为需求的统一入口，这样可以杜绝研发人员任意修改需求的问题，即使研发人员提出新需求，不能直接实现，需要提交到需求管理人员这个统一入口处，经过评审通过后才能由研发人员实现。LIPD 体系在需求管理制度层面，规定了需求管理的责和权，做到责权清晰。

（2）流程层面

在公司的一级流程下，我们新增了需求管理的二级流程。这个流程主要包括 5 个阶段：需求收集、需求分析、需求分配、需求实现和需求验证。此外，某些阶段还可以进一步细化到三级或四级流程。

（3）组织层面

建立需求管理团队。这个团队主要定义了需求管理员角色、需求分析团队、需求决策团队等。例如，需求管理员主要负责需求的统一管理，包括需求库的维护，作为需求的统一入口负责人。需求分析团队由相关市场人员和不同研发领域的专家团队组成，需要根据业务领域和专业分成不同的专业小组。需求分析团队的主要职责是定期对需求库中的需求进行分析，并将需求分配到不同的项目中。需求决策团队主要对需求分析团队分配的需求进行决策。决策包括需求采纳、拒绝或者调整等。

（4）模板层面

我们为企业统一了需求收集表，并将其制作成结构化模板，还增加了需求管理库模板，并且统一了市场需求说明书模板等。这样可以大大提升需求管理效率。经过这一系列的改进，客户的需求管理能力得到了巨大提升。在 2023 年 2 月，也就是咨询项目结项半年左右，我们到客户处进行了一次培训和回访，得知团队制定的方案已经被固化进专门的 IT 系统，并且产生了较好的效果。

3. 启示

企业在进行产品开发时，必须对需求进行有效的管理。这不仅包括建立需求管理流程，还需要考虑如何建立与该流程相匹配的组织、制度和模板等。此外，为了确保需求管理工作的顺利进行，企业还需要选择合适的 IT 工具进行辅助管理。只有这样，才能确保需求管理工作得到有效的实施。

3.5 本章小结

1）需求管理是一项比较复杂的工作，很多企业在这个领域的能力比较薄弱，容易产生各种问题。需求管理也非常重要，它从客户、市场处来，最后又回到客户、市场处去，贯穿整个产品研发过程。

2）$APPEALS 模型是一个需求描述非常好用的工具，分别从 $（Price，产品价格）、A（Availability，可获得性）、P（Packaging，包装）、P（Performance，性能）、E（Easy to use，易用性）、A（Assurances，保证程度）、L（Life cycle of cost，生命周期成本）、S（Social acceptance，社会接受程度）8 个维度对需求进行描述。

3）需求管理流程包括 5 个阶段，分别是需求收集、需求分析、需求分配、需求实现、需求验证。这五个阶段有先后顺序，指某个具体的需求是按这个顺序流动的。企业项目团队可能同时执行多个步骤。

☞ **实务经验**

❑ 广义的需求管理流程包括 5 个主要阶段：需求收集、需求分析、需求分配、需求实现和需求验证。此外，企业还需要考虑与需求管理相关的制度、组织和角色，以及输出的相关文档和模板等。

☐ 企业可以根据实际情况对需求管理流程进行适当裁剪。然而，一些基础性的环节不能被裁剪掉，例如统一需求入口和出口的管理、统一文档模板以及输出关键需求文档等。至于需求管理组织的完备性和复杂度，企业可以根据自身的规模和特点进行精简或合并。

产品开发流程

基于与 V 模型对应起来的考虑，本书把产品开发流程分为 5 个阶段，它们分别是：产品概念阶段、产品计划阶段、产品开发阶段、产品验证阶段和产品交付阶段。其中，前 4 个阶段属于 V 模型范围，第 5 个阶段位于 V 模型之后。这五个阶段参考并借鉴了 IPD 流程内容，但和 IPD 流程不完全相同，因为 IPD 流程是一些大公司的经典实践，通用性不够强。

本章介绍的产品开发流程抽取的是 IPD 流程中共性的部分，可被更多的企业参考。产品开发流程与 V 模型之间的关系如图 4-1 所示。

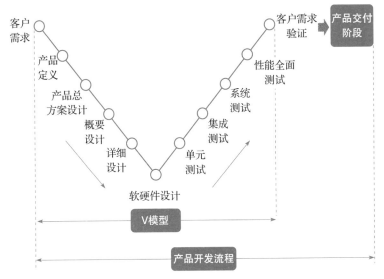

图 4-1　产品开发流程和 V 模型之间的关系

4.1　技术评审和决策评审

1. 概念

（1）技术评审

技术评审（Technical Review，TR）是一种由同行之间进行的审查技术的过程或活动。它是由一组评审者按照规范的步骤对软件、硬件、结构件等的需求、设计、代码或其他技术文档进行仔细的检查，以便找出并消除其中的缺陷。

（2）决策评审

决策评审（Decision Check Point，DCP）是对产品开发过程中的一些关键点进行决策时所开展的审查活动。

2.异同点

（1）相同点

技术评审和决策评审都属于评审行为，因此它们都需要遵循评审流程。每个企业都可以根据自身的实际情况来构建适合的评审流程。例如，评审流程可以包括谁在什么时间发起评审，由哪些评委预审待评审材料，如何处理评委预审过程中提出的意见，何时召开评审会，以及评审会后如何跟进评审会中提出的问题等，通过科学地提出问题和有效地解决问题，形成一个完整且高效的闭环。这样才能最大限度地发挥评审的作用。由于不同企业的规模和组织复杂度不同，评审流程的复杂程度也会有所差异。

（2）不同点

1）**评审角度不同**。技术评审主要从满足客户需求的角度出发，对技术进行评审。决策评审则重点从商业角度出发，评估产品是否能实现商业价值并做出决策。

2）**参与评审的角色不同**。技术评审的参与者主要包括各领域的专家、系统工程师（SE）以及各领域的工程师等专业人员。决策评审的参与者主要是产品决策团队成员，通常由产品经营的主要负责人和相关职能部门的高层组成。

3）**评审的结论不同**。技术评审中，对于各评委提出的意见，项目组可以接受或拒绝，并承担责任。项目组不能仅根据评审意见自行决定是否停止项目。决策评审需要给出明确的决策结论。决策结论只能是以下3个之一：项目继续、项目终止、修改后再决策。

技术评审和决策评审的详细区别可参见表4-1。

表 4-1 决策评审和技术评审的详细区别

区别点	决策评审	技术评审
目的	实现商业目标	产品满足用户需求
评审角度	以公司或者经营单位的战略目标为出发点，从商业角度审视业务计划书	以客户和市场需求为出发点，从技术角度审视产品包是否满足客户的需求
参与人员	产品经营高层和职能部门高层（如产品总经理、平台中心总经理、市场总经理等）	各领域专家、系统工程师（SE）、各领域工程师等
评审要素	从商业目标角度设置评审要素	从需求角度和技术满足度角度设置评审要素
评审结论	明确的结论	提出评审意见，但不能终止项目
责任属性	项目组必须要接受高层的评审意见，但同时要对商业结果负责	评审意见供参考，由项目组决定是否修改。项目组承担相应责任

3. 如何进行评审

技术评审和决策评审在某些方面有相似之处，它们都是按照一定的流程进行的。我们可以将这两类工作的流程设计成相同的环节和顺序，形成一个统一的评审流程。然而，它们之间也存在明显的差异，主要体现在参与评审的角色、评审内容以及决策结论上。通过这种流程复用的方法，我们可以有效地提高企业执行流程的效率，同时增强企业员工对流程的认同感。

评审流程可以做成标准模块，如图 4-2 所示。常见的评审流程包括 5 个步骤，分别是制订评审计划、预审材料、预审后沟通、召开评审会、评审会后执行。

图 4-2 常见的评审流程

第一步，制订评审计划。项目计划中通常会有大致的评审时间点，但在实际运行中可能会出现偏差。因此，在临近评审时，我们仍然需要制订一个评审计划，以确定后续步骤的时间点。对于拥有产品生命周期管理（Product Lifecycle Management，PLM）系统或项目管理系统（Project Management System，PMS）的企业来说，它们可以在系统中制订评审计划。关于 PLM 和 PMS 系统，第 12 章将展开介绍。

第二步，预审材料。制订好了评审计划后，下一步是对需要评审的材料进行预审。做预审而不是在评审会上直接审查的主要原因是评委提前预审可以有更充足的时间看材料，使评审的效果更好。同时，经过预审也能大大提升评审会议的效率。预审材料可以是文档、代码、结构图、电路图等技术材料，也可以是商业计划书、决策材料等。

第三步，预审后沟通。经过预审，评委会提出了一些问题和意见。如果在评审会上讨论这些问题和意见，将耗费大量时间，从而降低会议效率。因为许多问题并非与每位参会者都有关，所以比较好的做法是根据评委提出的预审意见，由项目负责人组织材料作者和提出意见的评委进行小范围沟通，以确认是否接受或拒绝意见。这些有明确结论的意见在评审会前已确定，可直接通过，无须再讨论。仅无法达成共识的意见才需在评审会上进一步讨论。预审后沟通能显著提高评审会效率。

第四步，召开评审会。预审意见沟通完成后，可以召开评审会。评审会将重点讨论在沟通环节未能达成共识的问题和意见。技术评审会将总结对一些遗留问题的处理情况，决策评审会则需要提供明确的结论（这些结论的内容已在之前提及，这里不再赘述）。最后，所有这些评审内容都将以会议纪要和问题跟踪表的形式进行存档和跟踪。

第五步，评审会后执行。评审会结束后产出的问题跟踪表需要落地执行，以任务的方式落实到具体的责任人。只有在责任人解决了问题之后，这个任务才能关闭。这样形成了一个完整的闭环，保证了评审的效果。

以上只是流程步骤，完整的评审流程还需要定义角色和职责，例如谁发起评审、谁组织会议、评委包括哪些成员、谁来决策等。除了角色和职责，还需要相应的评审机制，比如决策机制是少数服从多数，或者是关键角色具有一票否决权，或者是必须有多少比例的评委提出评审意见才表明预审有效等。这些机制在评审流程中也是非常重要的。

4. 产品开发流程中的技术评审和决策评审

产品开发流程包括产品概念、产品计划、产品开发、产品验证和产品交付 5 个阶段。这 5 个阶段中需要进行技术评审和决策评审，以从技术和商业的角度进行审查和决策。图 4-3 展示了在产品开发流程中包括三次决策评审，分别是概念决策、计划决策和可获得性决策。除了这三次决策评审外，产品开发流程还包括6 次技术评审（TR1 至 TR6）。这是狭义的技术评审，特指软件、硬件等方面的技术评审。上文提到的技术评审为广义的技术评审，不仅包括狭义的技术领域评审，还包括采购、生产、质量、市场等其他领域的评审。这些领域的评审被称为 XR。X 泛指各个领域，例如狭义的技术评审为 TR（Technical Review）、财务领域的技术评审为 FR（Financial Review）、生产领域的技术评审为

MR（Manufactured Review）。广义的技术评审具有分级的概念，最高一级是由产品开发团队（Product Development Team，PDT）进行的评审。PDT 是一个由产品经理作为团队负责人的团队。广义的技术评审分级的含义体现在先由各个领域（如技术领域、市场领域、生产领域）在内部进行与本领域工作相关的技术评审，评审通过后由 PDT 对各个领域的评审结论进行再次评审，作为广义评审的最后结论。

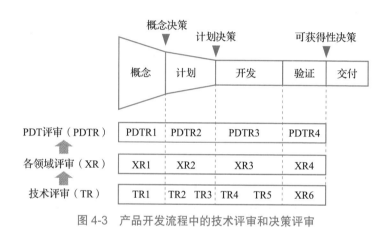

图 4-3　产品开发流程中的技术评审和决策评审

图 4-3 仅作为一个参考示例。技术评审和决策评审环节可以根据实际需要进行适当的增删。然而，企业在执行这些操作时，必须遵循相应的规则。

4.2　产品概念阶段

通常，企业通过项目立项来启动产品开发流程。产品开发流程的第一个阶段是产品概念阶段。项目立项的具体内容将在第 9

章中介绍。产品概念阶段和 V 模型的对应关系如图 4-4 所示。产品概念阶段相当于 V 模型的产品定义和产品总方案设计阶段。

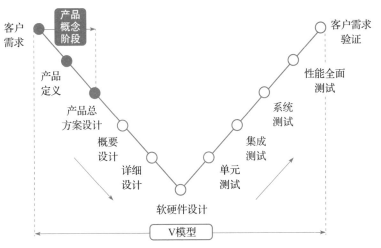

图 4-4　产品概念阶段和 V 模型的对应关系

1. 为什么要有产品概念阶段

项目立项之后，为什么不直接进行设计工作，例如编写设计文档、绘制电路图或编写代码等具体任务呢？主要原因是客户需求是从用户的角度提出的，属于更高层次的"描述语言"，而产品的具体研发实现需要使用一种更底层、更专业的"描述语言"。这两者之间存在差距。为了消除这个差距，我们需要执行产品定义这一工作。

产品定义是将客户需求转化为产品实现的专业描述。以笔记本电脑产品的研发为例，客户提出的笔记本电脑需求可能包括性能好、电池续航能力强和携带方便等。针对这些需求，我们需要进行翻译，例如，将性能好翻译为"硬件能力强、存储空间大、数据读写快"，将续航能力强翻译为"待机时间长、硬件功耗低"，将携带方便翻译为"体积合适、重量轻、输入快捷"。经过专业翻译，我们已经更接近产品的具体研发了。但是，研发人员仍然无从下手，因此还需要进一步细化。以笔记本电脑性能好的需求翻译为例，我们可以进一步细化为"CPU 芯片选 Core i7 第9 代以上、显存 16GB 以上、支持外部可拓展存储、配备 1T 固态硬盘"等具体性能特征。其他需求的翻译可以参考图 4-5。通过将客户的需求进一步细化为产品的性能特征，研发人员能够更好地理解这些具体需求并开始进行方案设计。

在真实情况下，企业客户提出的笔记本需求会更加具体和详细，甚至会细化到某些关键性能特征。因此，企业在研发过程中的产品定义会相对简单。此处举例仅为说明大多数个人用户提出的"高层描述语言"需求，以及如何通过需求翻译进行产品定义。需要注意的是，这个例子并不代表翻译内容是完全准确的，实际应用时需要根据项目情况进行调整。

2. 主要工作

如前文所述，产品概念阶段的主要工作之一是进行产品定义，将客户需求转化为产品的定义，形成产品的概念。这是产品概念阶段非常重要的一个环节，也是对企业研发能力要求最高的环节之一。在产品定义完成后，有多种方案可以实现产品。此时，研发团队需要对多种方案进行比较，根据实际情况选择合适的方案。例如，在类似的硬件能力下，可以选择性能更好的 CPU和性能较弱的硬盘的组合，或者选择性能一般的 CPU 和性能较强的硬盘的组合。这些不同的组合形成了不同的方案，而哪种方案更好取决于项目的目标，是追求高性能、性价比还是低成本等。

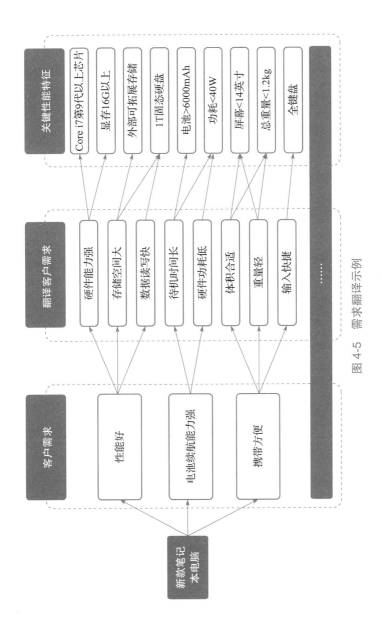

图 4-5 需求翻译示例

一旦确定了某个方案，研发团队就可以进行总方案设计。因此，产品定义和总方案设计是产品概念阶段的主要工作。

虽然产品定义和制定产品总方案的工作很重要，但这并不是产品概念阶段的全部工作。除此之外，它还包括如下一些工作。

（1）采购

对于采购工作而言，采购负责人在概念阶段就需要制定相应的采购策略。考虑到产品总方案已经出炉，采购负责人员可以初步判断该产品方案涉及的采购件与公司现有产品的采购件是否存在差异。若两者相同，那么采购策略相对简单，只需维持原有的采购方式即可。若方案中涉及企业之前未曾涉足的采购件，采购负责人需重新寻找供应商或引入新的供应商。在这种情况下，他们制定的采购策略应涵盖采购件分析、寻源、引入供应商等方面，并对可能面临的风险进行分析。总之，以上所述是采购负责人在产品概念阶段所需完成的工作内容。

（2）生产

对于生产工作而言，由于产品总方案已经确定，生产负责人需要初步评估生产策略。根据方案，生产负责人需要评估新产品是否可以在公司现有的产线进行生产，是否需要对外委托生产、升级产线或重新投资新建产线等。这些策略性内容分析有助于决策者在产品概念阶段做出决策。由于投资生产线或扩建产线不仅需要大量资金，还需要较长周期，因此生产负责人需要在产品概念阶段参与评估新产品的生产策略。

（3）财务

对于财务工作而言，在项目立项时已经有一个预估的财务数据表，用来评估整个项目的预算以及未来的收益等。在产品概念阶段，随着产品总方案的确定，产品的概念也逐渐变得清晰起来。此时，评估项目的预算会比刚立项时更准确。财务负责人经过评估发现财务数据需要调整，则更新立项时的财务数据表。

除了采购、生产和财务领域负责人需要在产品概念阶段做策略分析，给出相应的策略报告或更新相应的数据外，质量控制等领域也需要有相应的策略。例如，质量负责人需要给出产品在整个研发过程中采用什么策略来保证产品的质量。是使用与已有产品相同的控制策略，还是准备引入外部机构协助，或者导入新的质量管控体系等。这些策略性内容分析是相关领域在产品概念阶段需要做的工作。具体哪些领域需要在产品概念阶段进行策略分析取决于企业的实际情况。

3.技术评审和决策评审

项目在产品概念阶段期间需要进行技术评审，并在产品概念阶段结束时进行决策评审，如图4-6所示。

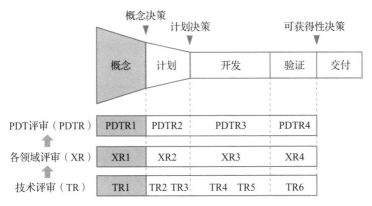

图4-6　产品概念阶段的技术评审和决策评审

（1）技术评审

在产品开发流程中，概念阶段进行的第一次技术评审被称为TR1。这个阶段主要评审产品定义的准确性和产品总体方案的可行性。有些企业将产品定义和产品总体方案放在一个文档中，通常将它们统称为"产品系统方案"。这个文档非常重要，主要介绍了客户需求是如何转化为可能的多个系统方案，并且对这些系统方案论证比较后，选择出最合适的一个方案作为后续进行概要设计和详细设计的依据。此外，各个领域的策略通常会放在一份被称为"产品业务计划书"的文档中。产品业务计划书包含各个领域的策略，侧重于介绍项目的商业属性，例如项目的投入情况、预计的收益、销售策略和竞争情况等。因此，产品业务计划书并非作为技术评审的依据，而是作为决策评审的主要材料。产品概念的技术评审涉及需求定义和整体方案，因此对人员的能力要求较高。评委通常是市场人员、技术专家和系统工程师。概念阶段的各领域（如市场、采购等）的评审统称为XR1，项目的评审统称为PDTR1。技术评审的顺序是先进行TR1的评审，然后进行XR1的评审，最后进行PDTR1的评审。后续阶段也遵循相同的评审顺序。

（2）决策评审

产品概念阶段的决策评审被称为"概念决策评审"，用CDCP（Concept DCP）表示。CDCP需要评审几个方面，一是对各类技术评审的结论进行评估，即从技术可实现的角度来判断这个项目有没有风险。二是对产品业务计划书的内容进行评审，从商业上判断这个项目是否值得投资。项目组通过产品概念阶段对这个项目需要投入的资源（包括人、财、物的投入预算，以及对于未来销售的预测）来估算这个项目的收益情况，比立项时候更为准确。此外，决策评审还要评审采购策略、生产策略、质量策略等各相关领域策略的可行性。决策团队在评审了这些材料后会做相应的决策，如果决策通过，公司会按计划给项目投入资源，项目继续往下走进入到计划阶段；如果决策结论是有些内容无法下结论，等项目组完善好材料再次决策；如果决策结论是没有通过，项目停止，项目团队解散，做好结项工作。

为什么项目在概念阶段需要有决策评审？因为在这个阶段，项目的可行性、方案的可行性和多样性、方案的竞争力等因素是决定项目是否有必要进一步研发下去的关键。如果技术上无法突破、总体方案缺乏竞争力、概念阶段之后要投入的资源远超预期导致公司无法承受，这个项目就没有继续进行的必要。因此，在概念阶段做出项目停止的决策，对企业来说是一个及时止损的行为。尽管在概念阶段投入的人员工作背景可能会比较资深，但这个阶段的工作量在整个项目中所占比重并不大。所以，此时做出决策停止项目是一个明智的选择。

最后要强调的是，一个项目是否需要产品概念阶段，取决于这个项目的属性。如果项目属于新产品研发或行业较新的产品研发，通常需要经历概念阶段。然而，对于对旧产品进行兼容替代、降低成本等微小改进的项目，并且未改变需求和应用场景，企业可以考虑裁剪概念阶段或与后续计划阶段合并，以提高效率。不过，项目的某个阶段的裁剪或合并需要在流程管理机制中明确规定，避免流程随意裁剪或合并。

4.3　产品计划阶段

当产品概念得到批准后，特定的项目便进入了产品开发流程的第二阶段——产品计划阶段。产品计划阶段与 V 模型的对应关系可以参考图 4-7。其中，产品计划阶段与 V 模型的概要设计相对应。

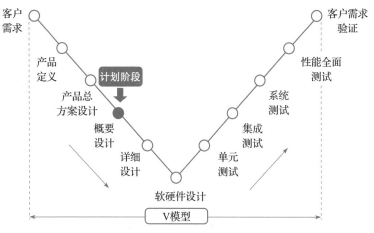

图 4-7　产品计划阶段和 V 模型的对应关系

1. 主要工作

如图 4-7 所示，产品计划阶段的主要工作包括概要设计。所谓的"概要设计"，是指对产品进行了整体的系统方案设计之后，进行的子系统设计和模块设计。对于一些比较复杂的产品，比如软硬件一体化的产品，软件、硬件甚至结构件都是子系统。有时，软件和硬件还可以再细分子系统，如软件的驱动部分、操作系统和应用层部分，都属于更细分一层的子系统。硬件的电源子系统、通信子系统等，也属于更细的子系统。在产品计划阶段，子系统应该细分到哪个层级，取决于该产品在公司的成熟度。子系统划分到的层级应该以能评估出其是否可实现为参考，因为产品计划阶段之后就进入具体的开发阶段，此时应该把技术的可实现风险消除掉。

模块设计是指框架和模块级设计，主要目的是确定模块之间的接口以及每个模块的大致功能。例如，对于数据处理模块、数据传输模块等，我们在产品计划阶段需要确定这些模块的功能以及它们之间的接口。每个模块的具体功能以及内部实现方式是下一阶段的任务。

如果说产品概念阶段是定义产品并确定整体方案来解决产品"是什么"的问题，那么产品计划阶段是将整体方案分解并细化到模块，解决产品"怎么做"的问题。以笔记本电脑产品设计为例，我们在概念阶段需要明确产品的外形、尺寸、屏幕、CPU选型、硬盘选型以及操作系统的选用等。而在计划阶段，我们需要明确电脑CPU和硬盘如何配合以发挥最大性能、主板如何布局、采用何种散热方式以及如何设计以达到最高性价比等。由此可以看出，计划阶段完成后，产品在可行性方面已经没有风险。

在产品计划阶段，除了需要完成子系统的设计和模块的设计外，各个领域还需制订各自的计划，从而形成项目的整体计划。在项目立项阶段，项目的计划相对粗糙，可能仅给出几个关键节点以及交付的时间点。这是因为立项时对整个产品的目标和实现的思路是相对模糊的。项目组经过概念阶段和计划阶段，对研发工作进行了详细的细化，因此，可以比较准确地给出研发计划。而采购、生产、市场、质量等领域的工作都与研发工作相互依赖。如果研发领域能给出明确而详细的工作计划，那么其他领域也能制订出较为详细的工作计划。

比如，对于采购领域，概念阶段制定的是采购策略，而到了计划阶段，在采购策略的基础上，需要制订具体的采购计划。这个计划包括常规物料的到位时间、长周期物料的提前采购、新物料和新供应商的测试和认证等。这些计划的目的是确保产品开发正常进行。

对于生产领域，由于研发领域已经给出样机交付的时间计划，所以生产人员可以确定什么时候启动试制和批量生产的条件。生产领域可以根据该产品的特点制订试制计划和生产计划；同时，根据已有的经验，可以确定什么时候准备工装、夹具的设计计划。因此，生产领域的详细计划也可以制订出来。

总之，在计划阶段，由于研发领域能够提供具体的计划，其他领域则根据各领域之间工作的相互依赖性，给出各自的计划。在这个阶段，项目负责人需要根据各个领域的计划进行统一协调和沟通，制订项目层面的计划，并将其分解到各个领域。然后，各领域负责人将计划细化到个人。通过使用工作分解结构（Work Breakdown Structure，WBS）等方法，项目负责人可以对项目整体计划进行分解，以便项目的执行和监控。

2. 技术评审和决策评审

项目在产品计划阶段期间需要进行技术评审，并在产品计划阶段结束时进行决策评审，如图 4-8 所示。

（1）技术评审

在产品计划阶段，技术领域的评审需要进行两次，分别被称为 TR2 和 TR3。TR2 主要针对子系统设计进行评审，重点考察子系统设计在整体系统方案划分上的科学性，以及子系统的实现可行性和具体方案。TR2 仍然处于较高的评审层面，需要系统工程师以及各领域的专家参与。TR3 是对模块设计的评审，核心是评估各个子系统中模块划分的合理性，以及模块的功能和定义等具体内容。当 TR3 进入研发实现层面时，它成为一个相对具体且专业的评审，主要由设计关联方参与。此外，计划阶段的各领域（如市场、采购等）评审被统称为 XR2；而项目层面的技术评审被称为 PDTR2。

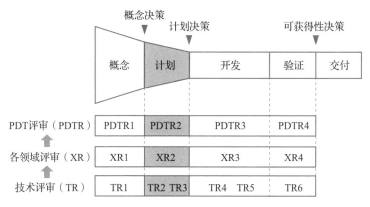

图 4-8　产品计划阶段的技术评审和决策评审

（2）决策评审

产品计划阶段的决策评审被称为"计划决策评审"，用 PDCP（Plan DCP）表示。PDCP 需要评审几个方面，一是对技术评审 PDTR2 的结论进行评估，即从技术可实现的角度以及技术实现的方案是否具有竞争力等方面进行评估。到了计划阶段，由于已经对整体系统方案分解到子系统、模块层面，一般来说可实现性得到了确认，但需要评审各个子系统的方案，相比竞争产品在性能、成本等方面是否具有优势或者吸引力。二是对项目的计划进行评审。如前文所述，在产品计划阶段，项目负责人能制订出具体的项目计划，并且颗粒度比较细。这时候的计划可能会调整之前立项时的交付里程碑和一些关键节点，因为此时的研发以及各领域的工作更加细化和具体，对资源和工作量的评估比立项时更加准确。产品计划阶段可能会涉及资源的变化，如增加资源，包括人力、物料、固定资产，甚至是生产线的投资等。这些重大的变化需要决策团队给出决策结论，决定项目是继续还是停止。同样的，在经过充分的评估后，如果在计划阶段决策停止项目，及时止损仍是一个不错的选择。因为一旦进入下一个阶段——开发阶段，企业将投入大量资源和持续较长的开发周期，后续再决策停止项目，带来的损失将是巨大的。

这里也需要强调，无论创新程度大的新产品开发，还是微小改动的新产品开发，计划阶段是不能裁剪掉的，因为计划阶段结束时需要给出项目的具体计划，以及更新各种资源。计划阶段后的项目运行更多是依据计划阶段给出的具体计划和资源分配，可能会对立项时的时间节点和资源进行调整。

4.4 产品开发阶段

在产品计划阶段，一旦决策评审通过，产品便进入开发阶段。对于许多企业而言，这个阶段是整个产品开发流程中工作内容最丰富、持续时间最长、投入资源最多的时期。产品开发阶段和 V 模型的对应关系如图 4-9 所示。

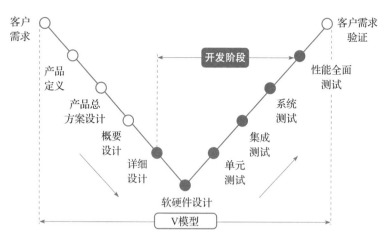

图 4-9　产品开发阶段和 V 模型的对应关系

产品开发阶段包括详细设计、软硬件设计、单元测试、集成测试、系统测试、性能全面测试等测试环节和技术评审。

1.详细设计

详细设计是在模块级的概要设计之后进行的。概要设计环节主要考虑的是规划模块的功能以及模块之间的接口，而对于每个模块的具体设计并没有明确的要求。详细设计的目的是要考虑每个模块的具体实现方式。设计说明书是详细设计过程中最重要的输出文档，包括各个方面的内容，如硬件设计说明书、软件设计说明书、结构件设计说明书等。

以硬件电路详细设计为例，硬件电路的详细设计包括硬件各个模块的接口实现方式、每个模块内部的实现方式以及一些关键器件的使用，还包括调用公司内部公共模块的说明等。软件的详细设计包括模块的具体功能说明，一些重要函数的定义和说明等。结构件的详细设计包括结构件的关键数据，如结构件尺寸、重量、材质要求等。如果跳过详细设计环节，直接进行编码设计和电路图设计等环节，可能会带来软件编码和硬件电路设计等工作的返工。同时，缺少设计说明书的产品研发也会影响到企业的知识传承和经验积累。因此，详细设计是产品研发过程中必不可少的环节。有些企业为了加快研发进度，在做好了系统方案和概要设计的情况下直接进行编码和设计等工作，但往往由于缺少详细设计说明书，后续研发工作大量返工，反而延误产品的交付。

设计说明书编写完成后，需要进行同行评审。同行评审的主要参与者包括同领域的设计人员以及相关设计方。以硬件设计说明书为例，除了硬件设计人员参与评审外，与软件接口部分的设计也需要软件设计人员的参与。只有在经过详细评审之后，设计说明书的管理流程才能进入下一个环节。

设计说明书是企业的核心过程资产，因此需要严格受控。各种文档的管理在第11章研发资产管理中进行详细的介绍。

2. 软硬件设计

详细设计完成并通过技术评审后，进入软硬件设计环节。对于软件、机电一体化产品，这个环节包括硬件电路图设计、软件编码和结构件设计等工作。设计说明书是这些设计的输入文档。工程师根据此前的设计说明书，利用自己的专业能力，参照公司的设计规范，就可以完成软件编码、硬件电路设计和结构件设计等工作。

软硬件设计环节也需要开展同行评审，尤其是硬件电路设计和结构件设计评审。因为硬件电路板和结构件一旦在投板或者机加工后发现问题而返工，不仅会增加制板、加工费用，更重要的是可能会延误项目的进度。因此，硬件电路图、印制电路板（Printed Circuit Board，PCB）图、结构图纸是这个环节需要重点评审的文件。软件由于修改方便，在这个环节评审的重要性没有那么高。当然，有些企业也会规定在这个环节进行代码走查，或者交叉检查，即不同模块的设计人员相互检查编写的代码。

在硬件和结构件设计评审环节，除了需要前文介绍的同行评审（即相关设计人员之间的评审），还需要进行 DFX 评审。所谓的 DFX（Design For X），即面向 X 方面的设计。这里的 X 是泛指，包括 M（Manufacturing，制造）、A（Assembly，装配）、T（Test，测试）等领域。

在流程中，首先是进行 DFX。设计工程师在设计产品时，除了需要满足客户的需求外，还需要考虑 DFM、DFA、DFT 等设计；然后进行 DFX 评审，以 DFM 评审为例，DFM 评审为面向制造的设计评审。在硬件和结构件设计完成并进行评审时，评审成员包括硬件、结构件等领域的专家、设计以及制造领域的专家。制造领域专家评审的重点是设计和工艺是否适合制造，以及是否能以更高的性价比制造。如果设计的硬件和结构件制造成本较高，即使设计功能正确，也可能需要对设计进行调整，以满足产品的可制造性要求。

同样，DFA 评审的核心是评估产品设计是否适合装配以及装配工艺是否有优化空间。这需要制造和售后领域的专家和工程师共同参与评审。至于软硬件设计环节，哪些领域需要评审，这取决于产品的特性。通常来说，对于软件、机电一体化产品，至少需要进行 DFM 和 DFA 设计评审。

3. 单元测试

单元测试通常指的是对软件中最小的可测试单元进行检查和验证。这是软件开发过程中最低级别的测试活动，需要在与其他单元隔离的环境中进行。

单元测试是软件设计人员对自己设计的代码进行的测试，旨在保证设计的代码效果与预期效果一致。因此，单元测试至关重要。从理论上讲，如果每个软件设计人员都能完成单元测试并保证自己负责的代码没有问题，那么后续的集成测试只需重点进行不同单元之间的接口测试即可。这将大大减少集成测试的工作量，提高测试效率。然而，由于设计人员在进行单元测试时只能模拟其他模块提供的激励，而模拟激励与真实模块的输出之间存在差异，因此单元测试无法找出并消除其负责模块内的所有错误。为了进一步消除设计故障，我们还需要借助下一个环节——集成测试，甚至是再下一个环节——系统测试。尽管如此，单元测试仍然是查找并消除单元模块内故障最高效的一个环节。

4. 集成测试

集成测试也叫组装测试或联合测试，是在单元测试的基础上，测试在将所有的软件单元按照概要设计说明要求组装成模块、子系统或系统的过程中，各个部分的工作是否完成或实现预期的功能。

如前文所述，即使单元测试保证了各个子模块代码的高质量，也不能保证模块之间的接口设计没有问题，这是需要进行集成测试的重要原因。除此之外，软件整体功能和性能的测试也需要通过集成测试才能达成。

　　与单元测试相比，集成测试是一种更为正规且复杂的测试，需要进行精心策划。在制订集成测试计划时，我们应考虑以下因素：采用哪种系统组装方法进行组装测试、连接各个模块的顺序、单元测试的进度与集成测试的进度之间的关联性，以及集成测试是否需要专门的硬件等。

　　集成测试除了能发现一些接口模块之间的设计缺陷，还能发现少量模块内的设计缺陷。在集成测试阶段发现的模块内缺陷数量，能反映出单元测试工作的质量。

　　单元测试主要由软件设计人员负责，集成测试一般由专门的测试团队负责。这样做的好处是测试团队只需要了解功能需求和概要设计，无须了解具体的模块设计。采用黑盒测试的方法，能更准确地测试出系统的正确性，而不仅仅是模块的正确性。

　　此处介绍的是软件集成测试。实际上，对于软件、机电一体化产品，集成测试可能还涉及硬件电路板甚至结构件的测试。如果软件集成测试不依赖于硬件电路板作为测试环境的话，硬件电路板可以稍晚一些进行测试。反之，如果有依赖关系的话，我们需要在软件集成测试执行前，先测试好硬件电路板相应的功能。结构件测试和软件集成测试之间的关系也是如此。集成测试结束后需要输出集成测试报告。

　　5. 系统测试

　　系统测试是指对整个产品系统的测试，即将硬件、软件、结构件等看作一个整体，检验整个产品系统是否有不符合系统方案的地方。系统测试可以发现系统分析和设计中的错误。

系统测试在集成测试之后进行，范围比集成测试更大。它不仅包含集成测试的软件功能测试，还包括软件和硬件甚至结构件之间协作功能的测试等。如果集成测试的目的是保证软件系统功能质量的话，那么系统测试目的是保证整个产品的功能质量和部分性能质量。

系统测试流程同集成测试流程类似。系统测试结束后，需要输出系统测试报告。系统测试也需要由专门的测试团队负责，而且也是采用黑盒测试的方法。系统测试是从产品系统方案的层面进行测试用例的设计，比集成测试从软件系统层面设计测试用例的层面更高。

6. 性能全面测试

性能全面测试是在系统测试完成之后进行的比系统测试中的性能测试更加全面的性能测试。

为什么系统测试结束后还需要进行进一步的性能测试，这和行业、产品的复杂度有一定的关系。一般来说，对于软件、机电一体化产品，在完成系统测试后，开始进行小批量试制环节（中试）。但是，小批量试制需要一定的周期，在试制过程中，还可以进行进一步的性能测试。因为不同行业的性能测试周期差别很大，有些行业的性能测试可能需要数个月时间，比如有些汽车零部件产品的高温、高压甚至高原测试，需要很长时间才能完成。再比如通信产品的通信容量极限测试，也是性能测试，也需要较长的时间才能完成。而且这些性能指标主要和软件设计有关，和硬件关系不大。如果等到产品的所有性能都测试完，再启动小批量试制，将会延长产品上市周期。

在某些行业中，系统测试仅涵盖了关键性能测试的一部分，目的是更快地进入小批量试制环节，从而加快产品的交付。与此同时，研发域的测试团队会同步进行更全面的性能测试，这种并行工作方式有助于提高产品研发效率。然而，如果在试制过程中，研发/测试团队在进行性能全面测试时发现了新的问题，这可能会导致试制工作的返工并延长试制周期。这主要取决于企业对系统测试和性能全面测试内容的划分能力。笔者曾在一家知名公司从事研发工作。该公司在进行中试转产时，研发域的测试团队同时进行了性能全面测试，很少出现因性能全面测试中发现问题而使试制工作大面积返工的情况。

不过，并不是所有行业和产品都需要进行性能全面测试。对于某些行业和产品而言，性能全面测试可以合并到系统测试中。本书主要讲的是更一般的规律，重点在于清晰地解释原理。是否省略性能全面测试这一环节，由企业根据行业和产品的特点来判断。

性能全面测试可以由负责系统测试的同一个团队来完成，并且采用黑盒测试的方法。在测试结束后，相应的测试报告将被输出。

7. 技术评审

项目在产品开发阶段需要进行技术评审，但无需例行的决策评审。因为如果概念和计划阶段的决策是正确的，到了开发阶段通常不会出现大的问题，所以不需要例行决策评审。但如果在开发阶段出现了重大问题需要决策，可增加临时决策。开发阶段的技术评审如图 4-10 所示。

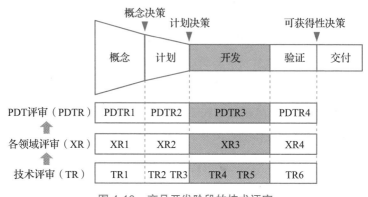

图 4-10　产品开发阶段的技术评审

　　一般来说，产品开发阶段在整个产品开发流程中持续的时间是最长的。这个阶段的任务不仅包括各领域的详细设计，还包括各种测试。产品开发阶段的技术领域需要进行两次评审，分别称为 TR4 和 TR5。TR4 是对各种设计的评审，重点是评审设计的正确性。DFX 评审也在这个环节进行。TR5 是在交付给客户前的独立评审，主要评估项目在设计稳定性和技术成熟度。TR5 的目的是确保产品满足预定的功能和性能要求，以及前期确定的所有产品需求。此外，TR5 还要确保产品在试制前，功能和性能方面的问题都得到了发现和解决。完成 TR5 不仅是进入验证阶段的必要条件，也是充分条件。这意味着小批量试制和销售已经准备就绪。

　　开发阶段的各个领域（如市场、采购等领域）的评审统称为XR3，项目层面的技术评审统称为 PDTR3。

4.5　产品验证阶段

　　产品完成系统测试和性能全面测试，表明开发工作已经结束，并开始进入验证阶段。产品开发阶段的主要工作是研发，到了产品验证阶段，主要工作转移到了研发之外的其他领域，如试制、生产和市场等。

验证阶段主要包括 3 类工作。首先是验证客户需求，这是 V 模型中的最后一个环节，即客户需求验证环节。其次是产品的试制和产线的验证。最后是完成产品的各种认证，以满足产品的准入门槛，包括符合地区和行业的标准、认证等，例如，通过 3C 认证、CE 认证和 IATF 16949 标准等。只有通过了这些认证和标准，产品才被允许销售。产品验证阶段主要工作如图 4-11 所示。

图 4-11　产品验证阶段的主要工作

1. 客户需求验证

整个产品开发流程开始是从客户处来，即产品的开发来自客户的需求；最后是客户需求的验证，即验证产品满足了客户的需求，可以交付给客户。单元测试、集成测试、系统测试以及性能全面测试都是过程中的测试，旨在验证产品的功能和性能是否正确地实现了。虽然从模块内的功能，到模块间的功能，再到整个系统的功能以及性能都经过了验证，但无法确保客户的需求完全得到了满足。

因此在产品交付给客户前，我们还需要经过客户需求验证环节，如图 4-12 所示。

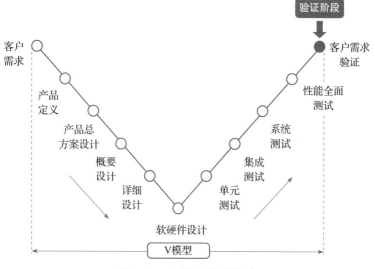

图 4-12　客户需求验证环节

客户需求验证和前面几类测试有较大不同，这种不同首先体现在测试人员的差别。在前面几类测试中，无论设计人员主导的单元测试，还是专业测试人员主导的集成测试、系统测试以及性能全面测试，都是研发域内的测试。在很多公司，这些测试人员隶属于研发体系。而客户需求验证是从客户的角度来验证产品，不再由研发域的测试人员来验证，否则就是既当"运动员"，又当"裁判员"的行为。因此，客户需求验证需要由负责需求接口的部门（比如市场部门或者销售部门）来完成，也可以是负责产品规划的团队。另外，验证通过的依据不同。前几类测试通过的依据是公司内部的系统方案、概要设计和详细设计等内容，客户需求验证通过的依据是客户提出的功能、性能需求等内容，是基于外部的依据。

　　除了上面讲到的不同之处，它们之间也有相同之处。比如客户需求验证也是采用黑盒测试，无须验证人员关注产品设计细节。另外，客户需求验证是否准确和完备，测试用例设计得好坏至关重要。如果企业内部无法完全模拟产品的真实应用场景（即没有合适的测试用例），可以到客户现场使用真实的场景进行需求验证，确保客户需求得到充分的验证。比如，通信设备产品研发，在企业内部只能做部分需求验证，还有部分需求验证一般会到客户处（如中国移动、联通、电信等）建立试验网进行最后的验证。通过在客户处建立试验网的方式，企业可以获得产品在真实场景下满足需求的情况。

　　从 V 模型来看，客户需求验证本质上是验证从客户需求到产品定义是否准确。如果产品定义出现了问题，即使从单元测试到系统测试再到性能全面测试都通过了，产品也不能满足客户的需求。客户需求验证也需要输出报告。验证报告结果主要是和需求对应起来，验证需求的满足率。

　　表 4-2 列出了几种测试和验证的对比。

表 4-2　几种测试和验证的对比

测试和验证类别	测试者	测试目的	测试方式
单元测试	设计人员	验证模块内功能	白盒测试
集成测试	专业测试人员	验证模块间接口功能	黑盒测试
系统测试	专业测试人员	验证产品整体功能和部分性能	黑盒测试
性能全面测试	专业测试人员	验证产品全部性能	黑盒测试
客户需求验证	市场人员	验证客户需求	黑盒测试

2. 产品试制

产品完成系统测试后，就进入试制阶段（又被称为中试阶段）。这个阶段是产品在正式投产前的试验，也就是中间阶段的试验，所以产品试制也属于产品的验证阶段。

（1）主要工作

产品试制阶段的工作主要包括工艺验证、工装验证、生产测试环境验证、产品可靠性验证、物料可采购性验证等。以工艺验证为例，产品试制阶段需要验证的工艺包括工艺流程、工艺路线、单板和整机工艺、包装和物流工艺等。工艺验证是产品试制阶段的主要的验证内容之一，对于后续的规模量产具有非常重要的作用。

再以产品可靠性验证为例，对于软件、硬件和电子产品，产品可靠性验证是试制阶段必不可少的环节之一。产品可靠性验证主要包括电磁兼容性验证、高/低温验证、震动验证、跌落验证、防水防尘验证以及安全合规验证等内容。实际上，在产品开发阶段，硬件设计工程师通常会对样机产品进行这些测试，这被称为研发领域对产品可靠性的摸底测试。在这个阶段进行可靠性摸底测试，一旦发现问题，研发人员可以迅速解决。如果等到试制阶段再发现产品可靠性问题，特别是与硬件设计相关的可靠性问题，再去修改硬件将会大大推迟产品的交付时间，并带来对产品研发资源的巨大浪费。因为产品开发阶段进行可靠性摸底测试所用到的产品整机和试制阶段可靠性验证用到的产品整机的生产工艺有所不同，而且两者在可靠性测试方面所用到的样机数量也不同，开发阶段的摸底测试一般只会测试少数几台样机，试制阶段验证的样机数量远远多于产品开发阶段验证的样机数量，所以，我们在产品试制阶段仍有必要对产品进行可靠性验证，以发现产品开发阶段的摸底测试中发现不了的可靠性问题。

综上所述，在试制阶段进行验证是为了做好产品将来批量生产的准备。

（2）输出成果

产品试制工作结束后，除了需要输出验证报告外，还需要输出包含一系列内容的审查表。这些审查内容包括设计的有效性、过程资源的完整性、过程能力的稳定性、标准的一致性等。设计的有效性是指产品的功能和性能是否满足客户的需求。过程能力的稳定性主要是指在试制过程中，产品的生产工艺和过程的稳定性如何。如果稳定性差，那么在生产过程中可能会出现质量、产能等方面的不可控情况。

在汽车行业中，对产品进行审查的过程被称为生产件批准程序（Production Part Approval Process，PPAP）。这是企业的标准程序之一。只有当 PPAP 评审通过，产品才能进行规模量产。PPAP 评审是一个非常重要且严肃的过程，通常需要产品开发团队的所有核心负责人（如研发、采购、质量、市场、生产等领域的代表）共同参与。如果存在未通过评审的内容，企业和产品供应商需要提交整改计划，并在整改后再次进行评审，直至通过。

在其他行业中，对产品的审查形式是相同的，差别在于不同行业具体的审查内容有所不同。

在试制阶段的工作完成，并通过了类似 PPAP 的评审，产品便进入批量生产环节。尽管通过了试制阶段，产品工艺流程和工艺路径等都得到了验证，然而刚进入批量生产阶段，初期的产能仍然比较低，制造成本高。所以，随着产品进入批量生产阶段，后续的重点工作是逐步优化生产工艺、提升产能，降低制造成本。

3. 产品认证

一个产品如果希望在市场上销售，除了得到客户的认可并愿意购买外，还需要经过国家、地区或一些组织的认证，以确定是否符合特定要求。如果通过认证，给予书面证明。产品认证主要分为强制认证和自愿认证两种。

如果希望某产品在中国市场销售，则需要通过 3C 认证（China Compulsory Certification，CCC），因为这是中国强制性产品认证；如果希望某产品在欧洲市场销售，则需要通过 CE 认证（Conformity European，欧洲共同体）。美国联邦通信委员会（Federal Communications Commission，FCC）制定了涉及电子设备的电磁兼容性等一系列产品质量和性能的标准。因此，如果希望某产品在美国市场销售，则需要通过 FCC 认证。

产品认证种类和内容不仅与国家、地区及组织的要求有关，还与产品的类型密切相关。不同类型的产品会有不同的认证要求。例如，电子产品必须满足特定的认证标准。汽车零部件产品需要通过 IATF 16949 标准的认证来确保其质量符合要求。

一般来说，产品的各种认证可以在系统测试结束后启动。过早启动认证可能会导致一旦硬件设计发生修改，就需要重新进行认证。相反，过晚启动认证可能会影响产品的销售情况。当然，每个行业可以根据自身特点来确定合适的认证时间。

产品经过验证阶段后进入交付阶段。

4. 技术评审和决策评审

产品验证阶段期间需要进行技术评审，并在验证阶段结束时进行决策评审，如图 4-13 所示。

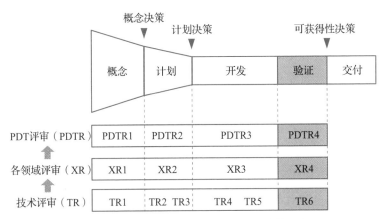

图 4-13 产品验证阶段的技术评审和决策评审

（1）技术评审

产品验证阶段的技术评审是 TR6，这是产品开发流程中最后一次技术评审，因此 TR6 需要兼顾整个系统。TR6 主要关注几方面内容，包括：客户需求验证情况以及遗留问题的解决情况；产品的所有功能、性能是否符合要求；产品试制相关的情况，如是否可以转入批量生产、供应商评审；各种认证是否完成等。TR6 的目标是评估产品交付的技术成熟度，分析向客户交付的风险。因此，TR6 非常重要。和 TR6 技术评审对应的其他领域评审为 XR4，项目级的技术评审为 PDTR4。

（2）决策评审

对于产品验证阶段的决策评审，IPD 流程体系把它称为"可获得性决策评审"，用 ADCP（Availability DCP）表示。此处借用这个概念。

可获得性决策评审的核心在于关注产品是否已准备就绪。简单来说，这意味着客户是否可以获得公司的产品。该决策是基于 TR6 技术评审结果。决策通过，意味着产品已经准备好交付给客户，客户可以随时下单购买。如果市场竞争加剧导致同类产品大幅度降价，甚至售价低于公司即将发布的产品的生产成本，产品决策层可能会决定终止项目。在这种情况下，整个产品计划的大部分投资都已经投入项目，终止项目的损失会比之前决策要大得多。通常情况下，项目在概念阶段和计划阶段的成功率较低，因此被停止的可能性较大。然而，当项目进入可行性决策阶段时，由于前期已经对项目的可行性进行了充分验证，所以项目被停止的概率相对较小。这是因为在这个阶段，能够影响项目继续进行的风险已经大大减少。

4.6　产品交付阶段

产品开发完成标志着 V 模型的结束，但产品开发流程并未正式结束。在许多企业中，向客户交付产品的工作通常由运营团队负责。因此，产品开发团队需要将产品开发成果移交给运营团队，由他们向客户交付订单。此外，产品开发团队还需要向运营团队提供用于产品宣传、营销和推广的素材，以便他们制作营销和宣传材料等。因此，产品交付阶段是产品开发团队向运营团队转交工作的过程，也是产品开发流程的收尾阶段。本节介绍在产品开发流程中的产品交付阶段，公司内部不同团队之间交接工

作，而不是企业向客户交付产品或解决方案。内容包括交付阶段
的主要工作、交付包内容、工作难点、应对举措、项目复盘。产
品交付阶段在产品开发流程中的位置如图 4-14 所示。

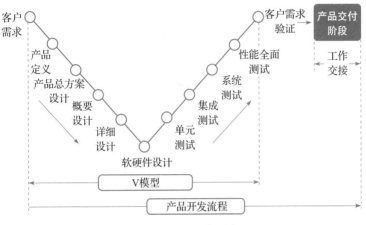

图 4-14　产品交付阶段

1. 交付阶段的主要工作

交付阶段的工作主要包括产品开发团队向运营团队交接交付
包、培训运营团队、更新配置、移交采购物料、确认和移交批量
生产能力等。

产品开发团队向运营团队移交相应的内容，这些内容被称为
"交付包"。除了移交内容之外，产品开发团队还需要对运营团队
做相应的培训，包括培训产品的主要功能和性能、和竞品的优劣
势、产品的应用场景和操作维护等。对于采购物料、批量生产能
力的移交，则是在产品经过批量生产验证后，将齐套的物料清单
移交给供应链部门，并将批量生产的工艺路线、制造 BOM 等内
容移交给生产部门。这样，当客户下订单时，由运营团队组织相

关职能部门进行交付，而不是由产品开发团队进行交付。交付阶段没有技术评审和决策评审环节，但需要对移交材料的完整性进行评审。

在产品开发流程接近尾声的交付阶段，企业可以对项目进行全面的评估。例如，企业可以对项目的进度、质量、成本目标的达成以及项目的变更率等关键指标进行评估。此外，企业还可以利用这些评估结果来对项目进行考核。需要注意的是，不同企业在交付阶段的具体工作内容可能会有所差异，因此企业需要根据自身的实际情况来确定交付阶段的主要工作任务。

2. 交付包内容

交付包内容是产品开发团队向运营团队移交的所有内容的集合。这些内容确保运营团队能够向客户交付产品或解决方案，采购部门可以根据物料清单采购物料，生产部门可以根据工艺流程和手册进行批量生产，服务部门可以根据产品的功能和装配要求为客户提供产品的安装、调试和维护。此外，交付包内容还应包括产品的测试和验证情况以及遗留的故障信息，以便运营团队在遇到问题时有合适的应对策略。总之，产品开发团队移交的交付包能够帮助运营团队或部门进行产品的营销、销售、获取订单、采购物料并进行生产，为客户进行产品装配、调试以及售后维护。这些团队在执行上述职能活动时，会依据相应的文档、手册或流程，而这些文档、手册或流程的素材通常来源于交付包内容。

因此，交付包至少应包含以下内容：设计载体类内容，如图纸、硬件、代码和版本等；测试和验证报告类内容，如各个阶段的测试报告、验证报告以及遗留的故障说明等；供应链类内容，如产品供应商清单、备选供应商计划、交付计划和供应链应急计划等。表4-3列举了产品交付包的一些参考内容。

表4-3　产品交付包参考内容

序号	产品交付包内容	解释
1	设计载体	图纸、硬件、代码和版本等承载产品设计的关键信息
2	设计背景	产品开发的需求背景和应用场景
3	相关技术	本产品涉及的技术领域以及发展情况
4	风险评估	产品失效模式与潜在失效影响的评估报告
5	验证大纲及报告	对需求的验证规划以及验证报告、故障的遗留情况
6	各种评审结果	各个阶段的技术评审报告以及重大设计问题的评审记录
7	供应链信息	产品供应商清单、备选供应商计划、交付计划和供应链应急计划等
8	检验计划	产品检测方式、评价标准、测量系统要求和失效的应对计划
9	变更记录	产品所有的历史变更记录
10	其他	如知识产权、市场和营销相关等

最后需要强调的是，企业规模不同、组织架构不同、业务甚至产品不同，交付包内容都会有所不同。企业要根据自己的实际情况来规定交付包内容。

3. 工作难点及应对举措

（1）工作难点

交付阶段工作中最大的难点来自产品开发团队向运营团队交接工作时的跨团队沟通和理解问题。在内容交接过程中，产品开发团队应向运营团队解释产品的设计背景和一些技术细节，尤其是那些与产品关键特性有关的技术信息。由于不同团队的关注点不同，在交接过程中，双方往往很难沟通。产品开发团队通常关心产品所承载的技术问题，运营团队则更关心产品如何被实现以及如何使用等。不同团队往往会站在各自的立场来看待产品设计，容易出现对立情绪。产品交付过程就像一道墙把产品开发团队和运营团队隔开，如果没有好的机制来打通这道墙，很容易引起双方的对立。产品开发团队不可以想当然地认为运营团队能够完全理解产品设计，运营团队也不可以对这种"突如其来"的产品设计产生厌恶甚至抵触。那么，如何破解这种跨团队交付工作的困境？

（2）应对举措

一个较好的举措是让运营团队的成员在产品设计初期就介入，并在产品交付之前充分理解产品设计。这对于产品顺利进入量产和交付阶段有着极大的帮助。实际上，如果产品开发团队是由多职能成员组成的，那么在整个产品开发过程中，不仅有研发人员全程参与，还有其他部门（如采购、市场、运营等）的成员全程参与。这样的团队结构有助于产品开发团队向运营团队移交工作。

产品交付阶段是一个跨团队移交工作的过程。除了第一次大规模的交接内容外，后续产品产生的变更内容也需要移交。从逻辑上看，只要第一次产品移交工作顺利完成，后续的变更内容再移交应该不会存在问题。然而，笔者在给一些科技型企业做咨询和顾问过程中观察到，仍有不少企业在研发和运营之间交付内容时出现变更不同步的问题。例如，产品开发团队升级了软件版本并更新了 BOM 和图纸，但运营团队却没有同步更新，导致问题产生。出现这些问题的企业有些是因为版本升级和同步机制有缺陷，但更多的是缺乏合适的 IT 系统，主要依靠人进行管理。要避免这些问题，除了要有合适的版本升级和同步机制外，更重要的是需要有合适的 IT 系统进行管理。

4. 项目复盘

在产品交付后，我们需要进行项目复盘。此时，各领域的工作已经完成，具备复盘条件。如果产品开发项目周期较长，我们可以在关键里程碑节点进行阶段性复盘。

项目复盘的目的是总结产品开发过程中的经验和教训，形成知识库，供其他项目参考。通过这种方式，我们可以不断积累经验，提高项目管理效率和质量。

（1）项目复盘方法

项目复盘的方法有很多，例如 KPT 复盘法、PDCA 复盘法。KPT 由 Keep（保持）、Problem（问题）、Try（尝试）三个单词的首字母构成。KPT 复盘法指的是在项目中需要继续保留哪些方法，遇到了哪些问题以及有哪些想法可以在下次 PDCA 循环中进行尝试。PDCA 由 Plan（计划）、Do（执行）、Check（检查）、Act（处理）四个单词的首字母构成。PDCA 是由质量管理大师戴明提出的，也被称为"戴明环"，如图 4-15 所示。它最初是被用来进行质量管理的工具，后来被广泛应用，其中复盘就是其中一个应用场景。本节以 PDCA 法为例，介绍如何做好项目复盘。

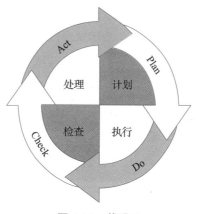

图 4-15　戴明环

（2）PDCA 法复盘步骤

PDCA 法复盘共有 7 步，具体如下。

第一步，回顾项目目标。

第二步，对比结果。

第三步，寻找差距的原因。

第四步，制订改进计划（P）。

第五步，执行（D）。

第六步，检查（C）。

第七步，处理（A）。

PDCA 法复盘步骤如图 4-16 所示。

第一步，回顾项目目标。这包括项目的进度目标、质量目标和成本目标以及其他各种目标。这些目标可以在立项材料的项目任务书中找到。

第二步，对比结果。根据项目的完成情况，与项目任务书中的任务目标进行对比。有的任务目标已经达成，而有的任务目标可能没有达成。为了更好地理解后续步骤的内容，本示例以成本未达标为例进行说明。如果产品的 BOM 成本没有达到预期，那么后续步骤将重点针对这项内容进行复盘。

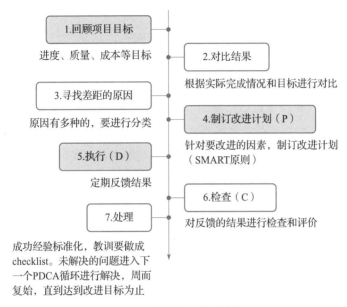

图 4-16　PDCA 法复盘步骤

第三步，寻找差距的原因。寻找产品 BOM 成本未达标的原因。经过分析，我们发现有两类原因导致 BOM 成本超标。一类是研发设计原因，即研发人员在物料选型时选择了价格偏贵的物料。另一类是采购原因，即采购人员在寻找供应商时没有进行多供应商询价对比，选择的供应商报价更高。至此，我们已经找到了 BOM 成本超标的原因。

第四步，制订改进计划。在研发领域，为了提升研发人员的物料选型能力，我们可以采取以下措施：进行针对性的培训、邀请专家分享经验以及完善评审流程。在采购领域，为了增强采购人员对供应商询价和比价的能力，我们也可以采取相应的策略。这些改进计划需要遵循 SMART 原则，即具体（Specific）、可度量（Measurable）、可实现（Attainable）、与项目目标相关（Relevant）以及具有时限性（Time-bound）。

第五步，执行。针对改进计划任务，任务负责人定期反馈进展情况，例如，培训的进展情况、评审流程的完善进展等。

第六步，检查。任务的监督者需要对任务负责人的反馈内容进行监督和评价，直到产生效果。例如，在经过大量培训和专家指导后，研发人员在物料选型方面的能力得到了显著提升。同时，后续项目在物料选型过程中增加了相关评审要素，以确保每个项目的物料选型都经过检查和确认，大大提升项目物料选型的整体水平。

第七步，处理。将第六步取得的成果进行固化。我们可以将取得的成果制定成规则、检查单或流程等，应用到后续项目中。例如，后续项目物料选型需要进行评审，这是取得的成果。物料选型的评审增加了检查单也是成果。如果取得的成果未达到预期目标，可以启动下一个 PDCA 循环以解决问题，直到达成目标为止。

4.7 案例 4-1：一家知名通信企业的产品开发流程变革

1. 企业概况

这家企业是笔者曾工作过的通信企业，笔者经历了其产品研发流程的变革。2006 年，该企业销售额超过了 200 亿元。企业下设移动事业部、固网事业部、手机事业部等多个部门，总员工近 3 万人，其中研发人员大约有 1 万人。当时，通信行业的领先企业均为国际巨头，如爱立信、朗讯、诺基亚、阿尔卡特、思科等。尽管国内通信企业在 20 年间迅速发展，但与这些国际巨头相比仍存在明显差距。由于通信行业的特点是谁能占据标准主导权，谁的影响力就大，因此，主导创建标准的企业自然能产生更多的专利，同时产品和解决方案也更具竞争力。标准、专利、产品和解决方案的竞争力强弱都与研发密切相关。所以，通信行业是一个研发强度非常高的行业，这个行业的所有企业都非常重视研发。笔者服务过的这家企业也不例外，每年用于产品研发的投入占年度销售额的 10% 以上。

2. 产品研发状况

2006 年，该企业采用经典的瀑布式产品开发模式，但底层逻辑遵循的是本书介绍的 V 模型。这种产品开发模式还是非常好地支撑了该企业之前产品研发的快速发展。但是到了 2006 年，随着企业规模越来越大、组织层级越来越多、产品越来越复杂，产品开发的跨职能协调问题、项目组织问题、产品研发和经营之间脱节等问题逐渐暴露了出来。

这个时候的项目管理模式一般是，项目经理由各个开发部门的研发骨干担任。这些研发骨干大多没有受过项目管理方面的培训，也缺乏项目管理的理论基础。项目经理更多是起到一个协调的作用，并没有多少管理权力，遇到协调问题，往往还得向部门领导汇报，由部门部长进行跨部门协调。项目成员的考核由职能部门科长进行考评，项目成员的奖金则由部门部长发放。项目经理不仅无权对项目成员进行考核和分配项目奖，自己的项目奖也并不比项目成员高多少。所以，此时段的项目管理是职能式管理方式，项目经理这个角色也是典型的"无权、无责、无利"。

再比如，在产品需求管理方面，市场和研发人员的分工界限并不是很清楚，需求的分析往往是研发人员在负责，市场人员很少参与，容易导致研发人员对需求的理解出现偏差。在系统测试、产品认证以及需求验证方面，分工界面也比较模糊，经常出现研发域的测试人员进行需求验证，市场人员仅仅进行确认，或者协调客户资源等情况。这些情况容易导致交付出现产品不能满足客户需求等问题。

此外，产品研发仅仅从预算投入角度进行项目估算，没有从投入、预期收入（即投资回报）角度考虑，使研发和经营发生了脱节。

以上仅仅列举了当时研发存在的部分问题，但是作为一个销售额达到200亿元且在快速发展的企业，产品研发流程还是有很多值得借鉴和保留的地方。比如 V 模型仍是这个行业的主流开发模型，再比如公司的同行评审、模块化设计、平台化设计、职能能力建设机制、经典实践和典型教训的知识管理模式等，也做得比较好。但是在竞争形势快速变化、竞争对手纷纷在改进产品开发流程的时代，公司也认识到必须要对现有的产品开发流程进行变革，以适应越来越复杂的产品开发，并真正把产品开发提升到经营层面、把产品开发当作投资来对待的这种理念上。因此在2006年底，公司开始启动产品开发流程向 IPD 流程的转变，并在移动事业部的一些产品项目中开始进行试点。

3. 流程变革后的变化

当时，笔者所在的移动事业部某项目是第一批试点项目之一。作为该项目的核心成员，笔者深刻体会到公司新的产品开发流程对比之前流程的保持与变化。保持体现在 IPD 流程的底层逻辑仍然是按照 V 模型为主线运行的，比如 IPD 的主流程也是从客户需求到产品定义、系统方案、子系统设计、概要设计，再到各种测试和需求验证等。同行评审的机制和组织、通用模块和平台的规划及设计等，这些内容变化也不大。有些内容则是改变了名称和叫法，比如以前的通用电路和模块，后来改为 CBB（共用基础模块），实际上并没有本质上的变化。

当然，采用 IPD 流程后，产品开发方面也发生了很多变化。这些变化包括流程、组织和制度等。

在流程上，完善了需求管理流程，界定了需求管理流程中不同角色的职责，使需求管理分工更加科学、合理，比如需求分析由市场和研发人员共同组成需求分析团队负责，而需求验证由市场团队负责；在项目立项后增加了概念和计划阶段，并明确了概念和计划阶段的任务、目标以及参与的角色等。此外，该企业还完善了各个阶段的通过标准、决策标准等。

在组织上，为支撑流程的前端管理，在事业部下属的各个研究所成立了规划系统部，让负责市场分析、市场规划和产品系统方案制定的角色隶属一个部门，更好地实现产品规划、产品定义以及系统方案制定之间的协同。当然，事业部还成立了很多虚拟团队，如决策团队、产品开发团队等。此外，公司新增了产品经理角色，负责整个项目端到端的交付，即一端负责从客户来的需求，另一端负责向客户交付需求。项目经理角色也从各个职能部门逐步抽调到规划系统部，进行专门的跨部门的矩阵式项目管理。

在制度上，新增和调整了很多机制。比如决策团队的决策机制、项目管理运行机制、产品经理对产品成败负责的机制等都是新增的。以项目管理运行机制的调整为例，调整后的项目管理机制明确了项目经理对项目运行的成败负责。同时，项目经理对项目成员具有考核权，并且项目考核占项目成员年底考核一定的权重。此外，项目奖也由项目经理根据项目成员的表现和考核进行分配。这大大增加了项目经理的责、权、利，让跨职能的矩阵式项目管理真正发挥作用。

为了适配新的流程，各类交付物也做了完善和升级，比如文档类型、模板等都做了一定的完善和升级。

以上仅仅列举了该企业进行 IPD 流程变革后的一部分变化，实际上的变化更多。不过，由于流程变革是采取循序渐进、分阶段推进的方式，笔者虽然感受到了很大的变化，但这种变化并没有如外界传说的公司采用 IPD 流程后发生了翻天覆地的变化。笔者认为一个很重要的原因是 IPD 流程的众多核心要素，如需求管理、市场分析和规划、V 模型、评审和决策、公用基础模块等，之前基本都具备了。该企业在使用 IPD 流程后做了一些完善，而有些则是换了名称而已，本质上是一样的。因此，企业要进行 IPD 流程变革，在变革前夯实"基本功"非常重要。"基本功"越扎实，进行 IPD 流程变革让企业受到的影响就越小，推进成功之后就是逐步享受新流程带来的成果。

到今天，该企业引入 IPD 流程已经有十几年，销售额也从当时的 200 多亿元上升到超千亿元。该企业的产品研发流程仍在不断改进，例如 IPD 流程和敏捷思想的结合、精益的项目管理改进等，以适应不断变化的组织、业务和竞争环境。

4. 启示

1）企业流程变革需要先夯实基础，然后切换到类似 IPD 流程，这是大部分企业最适合走的路。不考虑公司实际情况，采取急变、冒进的方式进行变革，很难取得成功。

2）产品开发流程必须与企业的业务、规模、组织甚至竞争环境相匹配。因此，一个企业的产品开发流程不是永恒不变的，需要不断完善和优化。

4.8 本章小结

1）产品开发流程可以分为 5 个阶段，即概念阶段、计划阶段、开发阶段、验证阶段和交付阶段。每个阶段与 V 模型形成对应关系。

2）技术评审和决策评审之间存在明显区别，主要体现在评审的角度、参与评审的角色以及评审的结论上。

3）本书所述的产品开发流程包括 6 次技术评审（TR1 至 TR6）。此外，流程中还涵盖 3 次决策评审，分别是概念决策评审、计划决策评审和可获得性决策评审。

4）产品概念阶段的工作主要包括 V 模型中的产品定义和产品总方案的设计。产品定义是把客户的需求翻译成产品的功能和性能，产品总方案设计是根据产品的功能和性能，设计出可能的多种系统方案，并选择一种最合适的方案。产品概念阶段解决的是"产品是什么"的问题。

5）产品计划阶段的工作主要包括 V 模型中的概要设计。产品计划阶段解决的是"产品怎么做"的问题。在产品计划阶段，研发工作已经细化到模块层面，能够给出比立项时更加精确和细致的时间计划，因此产品计划阶段可以完善和修正立项时的计划，后续进度以此计划为准。

6）产品开发阶段的工作主要包括 V 模型中的详细设计、编码、电路设计和单元测试、集成测试、系统测试以及性能全面测试等内容。这是产品开发流程中持续时间最长、投入资源最多的一个阶段。详细设计的成果是输出详细设计说明书。在具体的设计中，除了满足产品功能和性能的设计，还需要考虑 DFX 设计。完成单元测试后，由专业测试人员采用黑盒测试的方法对多模块进行集成测试以及软硬件一体化的系统测试。

7）产品验证阶段的工作主要包括 V 模型中的客户需求验证。在这个阶段，工作的重点从以研发为主导转移到以试制、市场等为主导。需求验证是由市场人员主导进行的，采用黑盒验证的方式，重点验证客户需求的满足情况。产品试制的重点在于进行工艺验证、工装验证、生产测试环境以及产品可靠性方面的验证。此外，产品认证也是产品验证阶段的一项重要工作。

8）产品交付阶段的工作在 V 模型之后，主要包括产品团队向运营团队交接交付包、培训运营团队、各种资源和功能的确认等。企业需要根据业务特点规定交付包内容。运营团队成员在早期阶段介入产品设计工作，有利于产品团队向运营团队交接工作。

9）产品交付后需要对项目进行复盘。利用 PDCA 工具进行复盘是一种较好的复盘方法。PDCA 复盘法包括 7 个步骤，分别是回顾目标、对比结果、寻找差距的原因、制订改进计划（P）、执行（D）、检查（C）和处理（A）。

☞ 实务经验

❏ 产品开发过程中，通过各种技术和方法，尽早将原型样机呈现给客户，获取客户的反馈，比竞争对手更早地占领客户的心智。在给客户展示样机的同时，需要对技术和知识产权进行保护。

❏ 对于软件、机械、电子一体化的产品，硬件可以根据规格和型号进行立项，并按照 V 模型方法进行开发；软件可以采用敏捷思想，以"小步快跑、快速迭代"的方法交付版本。在这种情况下，对于产品需求的分析、分配的能力以及对客户的影响能力要求比较高。然而，这样做的好处是企业可以更快速地交付产品的部分功能给客户，并且企业的研发资源配置也可以更加灵活。

|第 5 章| C H A P T E R

技术开发流程

技术开发和产品开发流程有高度相似性，但技术开发一般是为企业内部产品或者平台开发服务的，它面向企业的内部，因此两者在流程上也存在一定的区别。

本章内容主要包括技术开发流程和产品开发流程的异同点，以及与技术开发密切相关的共用基础模块和平台的开发；同时，通过介绍两个案例，说明技术开发对企业的重要性。

5.1 案例 5-1：技术开发是如何影响项目成败的

2020 年 7 月，某激光投影企业承接了一个军工项目。项目内容是为客户定制一款激光投影设备。由于项目涉及军用场景，客户需求较为特殊，尤其是投影距离和投影位置、尺寸和显示亮度之间的匹配关系。这些性能参数和之前开发的产品差别比较大。根据该企业之前的技术积累和产品经验，这些参数很难同时满足。虽然该企业在该行业的技术实力属于一流水平，但对于这种定制要求，其实也没有把握，但该企业获取项目的意愿比较强烈，因此接受了客户提出的交付条件。

双方签订合同后，该企业立即启动产品研发。项目初期进展顺利，投影距离、位置以及尺寸等参数匹配问题通过仿真陆续得到了解决。样机的测试参数与仿真结果非常接近。然而，在客户给定的光源条件下，亮度参数与客户的实际需求存在约20%的差距。当调整样机距离和显示尺寸参数以满足亮度需求时，物理尺寸参数无法达到要求。换句话说，满足了某些参数，必然会有其他参数无法达到要求。经过长时间的反复调整，始终无法达到所有参数都满足要求的目标。到了项目交付时间，这个问题仍然没有得到解决，最终导致项目失败。该企业也做好了赔偿的准备。

但戏剧性的一幕出现了，一个月后，客户并没有提出赔偿，反而和企业重新签订了一份技术攻关协议。这份协议要求企业在规定的时间内解决这几个参数之间匹配的问题。

这次技术攻关项目和之前产品交付项目不一样，它不需要考虑整机的交付、备料、加工等问题，只需要针对核心部件完成理论仿真、部件调校等工作，即不用考虑太多项目中的"杂事"，集中精力解决技术参数问题。后来，公司通过改进底层的光路设计，发明了一种名叫"光瞳匹配"的技术，最终在 4 个月后把这些参数不能同时满足要求的问题给解决了。最后，这个项目为企业带来了丰厚的销售收入和利润。

5.2 技术开发流程

很多企业在产品开发过程中遇到和案例 5-1 类似的情况，即在产品开发过程中解决技术问题，导致项目延期交付。在以上案例中，这家企业是比较幸运的，客户给了重新进行技术开发的机会。通常情况下，如果企业延期交付产品或解决方案，可能会面临取消订单甚至罚款的后果。因此，在产品评估和立项过程中，识别并规划产品中可能存在的技术难题或风险是非常重要的。

1. 技术开发的来源

技术问题即使其他企业已经解决，但如果自己的企业没有解决，那么该技术的复杂性可能会使技术解决的周期和投入的资源难以评估。此外，该技术能否在短期内解决也是一个未知数。因此，技术开发往往具有较高的不确定性。然而，企业需要向市场或客户承诺产品交付期，所以应该尽量避免在产品开发过程中采用未解决的复杂技术，尽量采用成熟且经过验证的技术。

为了在产品开发之前识别出存在的技术问题，企业需要在产品规划阶段识别出近期要开发的项目中是否存在技术风险。如果存在技术风险，企业需要提前规划好技术开发工作。

如图 5-1 所示，技术开发一般来源于产品规划中识别出的技术，如图中的 ❶ 所示。产品规划不仅要识别出影响产品的技术，还要识别出影响产品的平台，因此产品规划对平台规划提出了要求，如图中的 ❷ 所示。平台规划时也会识别出需要的新技术。这些新技术不解决，平台规划无法实现，如图中的 ❸ 所示。技术规划好后，按照计划进行技术开发。一旦技术开发成功后，它有两个用途：一个是支撑新产品的开发，如图中的 ❹ 所示；另一个是支撑平台的开发，如图中的 ❺ 所示。平台开发成功也可以支撑产品开发，如图中的 ❻ 所示。

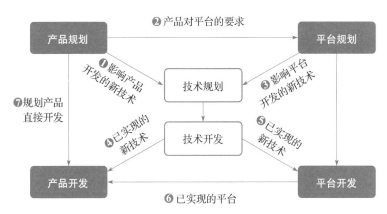

图 5-1　技术开发和产品开发、平台开发的逻辑关系

对于简单的产品开发，企业只需按照规划启动项目并开始开发，如图中的 ❼ 所示。然而，稍微复杂的产品开发就会涉及技术规划和技术开发，甚至还会涉及平台规划和平台开发。这不仅增加了复杂产品开发的复杂度，也增加了风险。但是，在某些行业（如通信行业），开发复杂的产品和提供复杂的解决方案是提高企业核心竞争力的必经之路。

2. 技术开发和产品开发的异同点

除了少数以出售技术为商业模式的企业，比如知名的高通以及 IC 行业的设计服务公司等，大部分企业的技术开发主要是为了支持内部的产品开发或平台开发。因此，技术开发与产品开发之间有着非常紧密的关系，既有相似之处，也存在一定的差异。

（1）相同点

技术开发和产品开发最大的相同点在于它们可以采用相同的项目管理方式。此外，在开发流程方面，技术开发流程也遵循 V 模型框架。这两者决定了技术开发和产品开发具有一定的相似性。

（2）差异点

技术开发和产品开发之间的差异主要体现在项目目标、项目计划、客户、流程、团队和交付等方面，如表 5-1 所示。

表 5-1　产品开发和技术开发的差异点

差异点	产品开发	技术开发
项目目标	以实现投资回报为主要目标	以实现技术积累、支撑产品和平台的开发为主要目标
项目计划	可控度高，变化小	可控度低，变化大
客户	面向外部的市场和客户	面向内部的客户，即使用技术的产品和平台的组织或者团队
流程	完整的产品开发 V 模型	以产品开发 V 模型为基础，部分环节可裁剪或者简化，同时有技术开发特有的阶段
团队	研发、市场、采购、生产、质量、财务等跨职能团队成员组成的团队	以研发人员为主，个别市场领域的成员参与组成的团队
交付	面向外部客户交付，交付件明确而具体	面向公司内部的产品、平台交付，或者进入技术库管理

从表 5-1 可以看出，技术开发和产品开发有较大的不同。企业进行技术开发时可以采用产品开发的框架，但需要做一定的调整。概括起来讲就是，技术开发增强企业长期的核心竞争力，但是具有更大的不确定性，失败的风险也更高。因此，很多企业往往把技术开发的项目优先级排得比较低，使产品开发长期处在没有储备技术可用的状态，为客户提供的产品或者解决方案一直处在"救火"的状态。当然，企业作为一个以盈利为主要目标的组织，需要平衡长期投入和产出之间的关系。技术开发就属于一种需要长期投入但短期之内未必能产出效果的投资。从企业的长远发展角度看，缺乏技术积累和储备的公司，以及那些总是提供成熟技术或技术含量较低的产品和解决方案的公司，很难具备核心竞争力。因此，技术开发同样需要得到企业的高度重视。

3. 技术开发和产品开发流程的区别

如上文所述，产品开发流程遵循的底层逻辑是 V 模型。本书将 V 模型分成概念、计划、开发、验证和交付 5 个阶段，对技术开发和产品开发流程存在的区别进行介绍。

（1）概念阶段

产品开发概念阶段的主要工作是根据客户需求对产品进行定义，把客户需求翻译成产品的功能和性能指标，再根据这些指标，形成多个可能的系统方案并选择最合适的一种方案进行开发。

技术开发概念阶段的主要工作是对技术规划中识别出的技术进行进一步评估，包括评估技术的可实现性，以及大致的实现方案。因为技术开发结果不像产品开发结果那么明确，在这个阶段技术开发很难给出具体的实现方案，即使给出了实现方案，择优的难度也非常大。技术开发在概念阶段需要技术评审和决策评审。技术开发的技术评审和产品开发的技术评审内容相同，但是决策评审有很大差别。技术开发在这个阶段的决策评审不用关注技术的商业价值，只需要关注技术的定义、可实现性以及在未来对产品和平台的支持性等，即技术评审的结论是决策评审最关心的。

（2）计划阶段

产品开发计划阶段的主要工作是进行子系统和模块设计并制订如研发、采购、生产等领域的计划和最终的项目计划，解决的是"产品怎么做"的问题。

技术开发计划阶段的主要工作是进一步细化技术开发的实现方案，如有可能，需要细化到模块。虽然技术开发形式上和产品开发类似，但是技术开发哪怕细化到了子系统、模块，它的实现风险仍要比产品开发大得多，所以这个阶段制订的计划的不确定性还是很大。在计划阶段，技术开发的技术评审还是继续关注技术实现的可行性，以及子系统、模块划分的合理性等。决策评审也是重点关注技术的可实现性以及实现技术实现所需的资源和交期。

从概念和计划阶段可以看出，技术开发在这两个阶段的工作是逐步进行的。因此，在某些技术开发不是特别复杂的情况下，这两个阶段可以合并。合并后，企业可以进行多次技术评审和一次决策评审，决策评审作为进入开发阶段的依据。

（3）开发阶段

产品开发阶段的主要工作包括详细设计、软硬件设计、单元测试、集成测试、系统测试和性能全面测试等。

技术开发阶段的主要工作包括各种详细设计、编码、电路设计、结构件设计等，具体包括哪些工作，取决于是开发什么样的技术。如果是开发软件技术，技术开发的主要工作是算法和软件设计及测试，但也可能有配套的硬件和结构件设计。技术开发阶段的评审和产品开发阶段的评审类似。总体来讲，技术开发和产品开发在开发阶段的工作最为相似，但测试和设计之间的先后顺序没那么严格，即在测试中根据测试结果改进设计，改进一部分后继续测试，不断循环，直到符合技术开发的要求。这种方式不是完全设计好了再做全面测试，类似软件的迭代开发。

（4）迁移阶段

技术开发不需要进行客户需求的验证，因为它不是面向外部市场和客户交付，而是面向内部客户、面向未来的产品或平台。因此，它没有客户需求，只需完成系统测试和性能测试即可。同时，由于没有对外交付，也无需进行试制和各种认证。然而，技术开发需要"技术迁移"，即将测试好的技术移交给规划中的产品或平台，并做好技术的入库，将技术本身及配套的文档资料按照企业技术管理方式存入数据库，供企业后续使用。因此，我们将技术开发流程的最后一个阶段称为迁移阶段。技术开发的迁移阶段与产品开发的移交阶段有相似之处，都是将成果从一个团队转移到另一个或多个团队。

总结起来，技术开发流程和产品开发流程在总体框架上类似，都符合 V 模型的逻辑，在部分阶段有一定差异。两个流程之间的异同点可参见表 5-2。

表 5-2　技术开发流程和产品开发流程的异同点

产品开发流程		技术开发流程
概念阶段	对产品进行定义，把客户的需求翻译成产品的功能和性能指标，形成多个可能的系统方案并选择最合适的一种方案进行开发。概念阶段解决"产品是什么"的问题	概念阶段	对规划中的技术进行进一步评估，评估这个技术的可实现性，以及大致的实现方案
计划阶段	主要进行子系统和模块设计，解决的是"产品怎么做"的问题。研发、采购、生产领域制订各自的计划并形成项目的整体计划	计划阶段	进一步细化技术的实现方案，如有可能，也需要细化到模块，继续评估技术的可实现性
开发阶段	产品的详细设计、编码、硬件设计、单元测试、集成测试、系统测试和全面性能测试	开发阶段	技术方案的详细设计、编码、硬件设计和各种测试。设计和测试循环迭代进行
验证阶段	产品需求的验证、试制和各种认证	迁移阶段	向产品或平台移交技术，并做好技术入库工作
交付阶段	产品团队向运营团队移交工作		

5.3　共用基础模块设计

1. 什么是 CBB

共用基础模块（Common Building Block，CBB）可以在多个产品中直接应用。例如，对于计算机类产品来说，硬盘、内存、

CPU、底层软件等都属于共用基础模块。计算机类产品 CBB 具
体示例如图 5-2 所示。

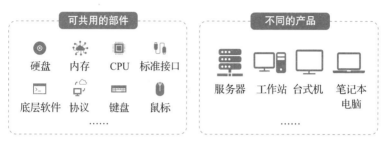

图 5-2　计算机类产品 CBB

　　CBB 可分为自制件 CBB 和外购件 CBB，本节介绍的 CBB
主要是自制件 CBB。

（1）CBB 的特征

CBB 具有以下一些特征。

❑ 共用并且可集成。共用是 CBB 最基本的特征。可集成表
　　明 CBB 是其中的一个部件，如果不可集成那就是一个独
　　立的产品。虽然很多 CBB 也可以作为独立的产品，但它
　　们同时又具备可集成的特点。

❑ 接口界面清晰。CBB 有明确的接口界面，而且这种界面
　　不能模棱两可、随机可变。

❑ 功能和性能指标明确。集成 CBB 的产品可以根据整体的
　　功能和性能指标进行分解和设计。

❑ 可维护、可测试。虽然 CBB 作为整体产品的一个模块，
　　但它本身具备可独立进行维护和测试的能力，这样一旦
　　集成的产品出现问题，可以更好地进行定位和分析。

❑ 有完善的资料手册。资料手册可以更好地方便理解 CBB 的功能和性能指标。

（2）CBB 的来源

❑ 基于系统架构开发的 CBB。这是指企业进行产品开发、技术开发或者平台开发时，先从顶层进行架构设计，然后进行科学、合理的模块划分，并对其中有价值且可多次重复调用的模块规划为 CBB。

❑ 基于已开发系统，后向整理 CBB。企业完成了一个系统或者产品开发后，针对其中有价值且在未来有被重复调用的模块进行整理或者修改，形成 CBB。笔者在曾经工作过的知名通信企业经历过这种情况。当时，我们参与了一个 GSM 产品项目，在项目交付后对该项目中的某个模块进行了修改，按照公司对 CBB 的要求，提交了一个 CBB 模块。后续这个模块在很多项目中得到了应用，产生了较大的价值。

❑ 遵循技术趋势与技术规划的 CBB。例如，在通信行业中，3G、4G、5G 通信以及未来的 6G 通信，每一代通信技术都有其核心技术。企业可以根据这些技术的发展规律和特点，提前进行规划，制定一些共用模块，从而加速未来产品的开发速度。这与基于系统架构规划的 CBB 存在一定区别。

❑ 外购的 CBB。某些行业的商业模式在产业链上下游的模块和集成产品分工上较为明确。例如，在自动化设备行业中，许多企业选择通过外购标准件来完成硬件单元的组装，而将重点放在软件和服务的定制上。

2. 为什么需要 CBB

（1）构建 CBB 的意义

构建 CBB，有很大的价值和意义。

首先，它可以解决"重复造轮子"的问题，做到设计和资源共享。一般来说，企业在某个行业深耕多年，可以积累很多东西，所研发的产品，虽然功能在不断升级，但共性的地方仍然很多，如果每个产品都是从头到尾重新设计，没有可以直接拿来用的模块，将会影响产品开发效率。而借用成熟且经过验证的CBB，可大大提升产品开发效率。因此，构建 CBB 对企业具有很大的意义。

其次，构建 CBB 可以很好地解决项目管理中有关"时间、进度和成本"很难同时满足的问题。CBB 经过充分的验证，所以它的质量有保证。CBB 可直接调用，免了重新设计，所以它缩短了设计时间。一个 CBB 用在多个项目中增加了使用量，而用量大的模块尤其是硬件 CBB，带来成本的下降。因此，构建CBB 能真正让项目管理做到"又快、又好、又便宜"。

（2）构建 CBB 的原则

如上文所述，企业构建 CBB 可以让项目管理实现质量提升、进度加快、成本降低。那么，是不是所有企业都适合构建 CBB，所有产品都适合使用 CBB？这就需要考虑 CBB 构建的原则。

首先，构建 CBB 的底层逻辑是 CBB 需要被用得多。因此，对于标准产品来说，构建 CBB 是非常有必要的。对于非标准产品和项目，企业就要从架构上整体考虑，是否可以提取出公共要素，从而设计成 CBB，因为不同的架构设计可能会有不一样的结果。

其次，构建 CBB 不仅需要做好 CBB 技术方面的规划、设计等，奖惩机制的设计也非常重要。合适的奖惩机制能激励项目团队进行 CBB 的设计和调用。CBB 的规划和设计固然很重要，CBB 的调用同样非常重要。企业只有大量 CBB，没有项目使用，它的价值仍然发挥不出来。

3. CBB 的管理

CBB 对于企业有如此大的价值，企业该如何构建 CBB 并对它进行有效的管理？下面介绍企业如何管理 CBB。CBB 的管理工作可分为两部分：一部分是构建 CBB，另一部分是运营 CBB，如图 5-3 所示。

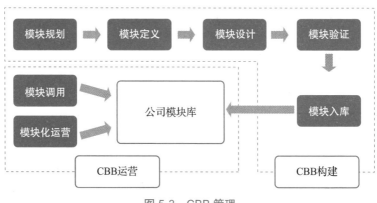

图 5-3　CBB 管理

（1）CBB 构建

CBB 构建可以分为五步。

第一步：模块规划。如前文所述，模块规划主要来源于产品、平台架构的规划，也可以来源于技术发展趋势。这一步在构建 CBB 流程中是至关重要的一环，因为它决定了企业 CBB 的数量和质量、CBB 的价值。如果规划的 CBB 在后续项目中使用量不大，或者使用起来不方便，将大大降低 CBB 的价值。CBB 的规划是一件难度很大的事情，对规划人员的技术能力和专业能力要求很高。一般需要公司的技术专家委员会牵头，组织各领域的技术专家和产品专家讨论，形成企业的 CBB 规划路线。

第二步：**模块定义**。在规划好模块后，团队需要对模块进行定义。模块定义包括定义模块的功能和性能指标、模块的接口等。此时，我们可以把模块当作"黑匣子"看待。

第三步：**模块设计**。模块设计包括模块说明书的编写、软件编码或者硬件电路设计，以及模块测试等。此时，如果还没有模块能够应用的产品，针对模块所做的测试更多是基于功能的白盒测试。

第四步：**模块验证**。模块验证是指在白盒测试的基础上，将模块放在系统中进行功能和性能的验证（属于黑盒测试）。只有在系统中验证过的模块，才可以进入模块库进行统一管理。

第五步：**模块入库**。模块入库是指把配套的模块需求说明书、模块功能/性能说明、模块接口说明、详细设计说明、测试用例和验证报告等相关文档，按照模块管理的规则放入模块库，供后续项目使用。模块入库是一件非常重要的事情，需要有相关的审批流程。

事实上，由于 CBB 的重要性，以上五步中的每一步都可以设计同行评审环节，这样能更好地保证模块的质量，同时也能提高模块设计的效率。

（2）CBB 运营

设计好 CBB 后，如果运营不好，会降低 CBB 的效用。CBB

运营就是对公司模块库中的 CBB 的分类、索引、调用、反馈、升级维护等进行管理和经营，包括制定相关的 CBB 管理制度。

以 CBB 分类和索引为例，如果一个企业的 CBB 比较多，为了让使用者快速找到期望用到的 CBB，必须要做好 CBB 的分类和索引。

再以 CBB 调用为例，企业规划和设计 CBB 是希望提升产品开发速度、质量以及降低产品开发成本，增强产品竞争力。但是具体到某个项目，开发人员是否愿意调用 CBB 有所不同，他们可能还会考虑调用 CBB 的复杂程度、CBB 的易用性以及 CBB 引入是否会给本项目系统方案带来改动等。所以，企业为了鼓励各项目开发人员尽可能多地调用 CBB，需要有一套奖惩机制。比如，在立项时就要求项目团队至少调用多少个 CBB，如果没达标就需要项目团队给出书面解释，而对于调用 CBB 比较多的项目团队，则可以给予一定的奖励。

总结起来，CBB 的规划和设计解决了 CBB 的有无问题，CBB 的运营解决了 CBB 的价值和效率问题，因此 CBB 的管理是一件系统化的事情。CBB 的规划、设计和运营，哪个环节没做好，都会大大降低 CBB 的效用。

5.4 平台化开发

2007 年，知名通信厂商中兴通讯在业界推出 SDR（软件定义无线电）基站。该 SDR 基站和此前的基站有很大不同。此前的基站，如 2G（如 GSM、CDMA 等）基站和 3G（如 W-CDMA、CDMA2000、TDS-CDMA 等）基站各自独立，被称为宏站。当时，运营商部署 2G 基站和 3G 基站需要独立的空间，这样会大大占用机房面积，而机房是非常宝贵的资源。当 SDR 基站面世以后，2G 基站和 3G 基站不再需要独立的部署空间，它们可以共用一个机框，如图 5-4 所示 SDR 基站实线框。SDR 基站除去少数硬件单板不同之外，其他大部分单板（包括机箱）都可以共用，这样大大增加了运营商布网的弹性并降低了布网的成本，给客户带来巨大的商业价值。宏站和 SDR 基站示意图如图 5-4 所示。

在同一时期，华为的 Single RAN（Radio Access Network）平台也取得了巨大的商业成功。从这两个例子可以看出，平台化能够提升企业产品的竞争力。那么，什么是平台化？平台化有哪些优点？企业又该如何进行平台化开发？本节将围绕这些问题进行详细介绍。

1. 什么是平台化开发

平台化开发是在产品平台基础上进行一系列的产品开发，以满足不同细分市场的需求。基于平台化开发可以缩短产品的上市周期、降低产品的开发成本、提升产品的市场竞争力，从而给企业带来更多的回报。

对于平台化开发，构建产品平台至关重要。如图 5-5 所示，某产品平台包含 N 个技术要素和 N 个共用模块。在该产品平台的基础上，我们可以开发出 N 个产品（面向 N 个细分市场）。例如，面向细分市场 1 的产品 1 由产品平台中 N 个技术要素和 N 个共用模块中的技术要素 1 和共用模块 1 实现。也就是说，在开发好产品平台的基础上，做减法就可以很快开发出产品 1。同

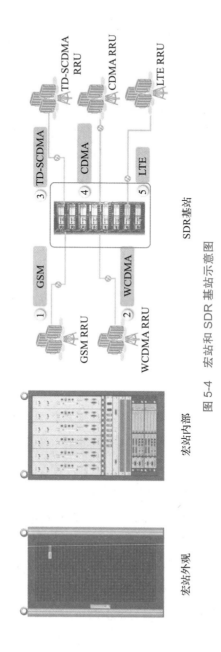

图 5-4　宏站和 SDR 基站示意图

理，其他细分市场的产品也可以采用类似的方法开发。图 5-5 只是示意图，实际情况会更复杂，比如某个细分市场的产品包括多个技术要素以及多个共用模块，不同细分市场之间共用技术要素和模块等，但基本原理是一样的。不同企业的产品平台化水平不同，产品类型也不同，因此平台化带来的价值也不同。自中兴通讯推出 SDR 基站产品平台以来，后续推出的大部分基站产品是基于该平台开发的。相较于以前，这些产品的交付速度和竞争力都有了显著提升。

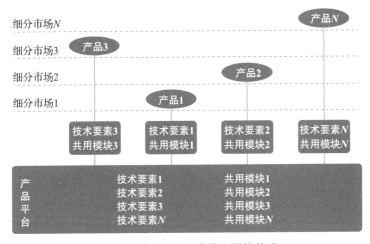

图 5-5　产品平台和产品之间的关系

2. 如何进行平台化开发

如前文所述，平台化开发为企业的产品开发带来了巨大价值。那么，企业应该如何进行平台化开发？

在进行平台化开发时，企业首先需要进行产品平台规划，然后在此基础上进行产品平台开发。

（1）产品平台的规划

产品平台的规划来源于产品的规划，具体为根据产品规划中涉及的技术要素和共用模块的数量以及关系，判断是否需要规划产品平台来实现这些产品。

产品平台规划是一项难度非常大的工作，同时也具有较高的风险。因为评估还未实现的多个产品之间的技术要素和共用模块，本来就是很难的事情。同时，即使评估准确了，是否值得通过规划和开发产品平台的模式来开发产品，也是较难衡量的。因为开发产品平台也需要投入资源，如果可以通过后续的大量产品开发带来更多的收益并超过投入，那么产品平台规划和开发策略是成功的。反之，产品平台的规划和开发策略是失败的，还不如各产品单独开发。

产品平台规划还需要考虑平台的可扩展性。因为技术在发展，产品也在不断演进，为了使产品平台的生命周期更长一些，创造更多的价值，在规划产品平台的时候，就需要考虑它的可扩展性以及可演进性。事实上，中兴通讯的 SDR 产品平台也经历过几个大版本的迭代，虽然后续的几个版本和最初的版本有较大的升级，但平台的总体框架以及主要接口并未改变，这说明了当初在进行 SDR 产品平台规划的时候已经充分考虑到了平台的可演进性和可扩展性。同样，华为的 Single RAN 平台也迭代过多个版本。

（2）产品平台的开发

如果说产品平台规划是"做正确的事"，那么产品平台开发则是"正确地做事"。产品平台开发流程与技术开发流程类似，但由于它的具体开发需求并非来自客户，而是各个不同的产品。因此，在产品平台开发完成后，我们需要进行测试，而最终的验证需要通过各个产品来完成。因此，产品平台的验证以及功能的完善会持续较长时间。

此外，由于产品平台开发涉及多个产品甚至多个产品线，因此，产品平台的开发团队除了有平台开发人员之外，还需要相关的产品或者产品线的开发人员。待产品平台开发成熟后，除了一直进行平台开发的团队成员仍保留在产品平台开发团队进行维护和升级外，不同产品或者产品线的团队成员可以离开，回到各自的产品或者产品线继续进行产品开发。这样带来的好处是产品平台开发人员和产品开发人员对平台和产品有更深入的理解，同时在后续借用平台进行产品开发时能更好地沟通。

最后要指出的是，产品平台开发投入大、风险高，而且短期内难以看到回报。只有重复使用产品平台并达到一定量的企业，才适合构建产品平台。从这个角度来看，并不是所有的企业和业务都适合构建产品平台。

5.5　案例5-2：一家智能交通领先企业是如何构建CBB的

1. 背景

笔者曾为该企业提供过咨询服务。自20世纪90年代，该企业便涉足智能交通和智能市政行业。它的市政工程业务主要集中在上海，是中国最早进入这一领域的企业之一。随着中国交通和城市建设的快速发展，该企业也步入了快速发展轨道，并保持了近20年的快速增长。如今，该企业年收入达数十亿元人民币、下辖多个事业部。在多业务背景上，该企业逐步将重点放在智能交通领域。智能交通逐渐成为公司收入最多、竞争力最强的业务版块。

但是到了 2020 年，随着国家越来越重视智能汽车、智慧交通产业，这个行业吸引了越来越多的大型企业（比如阿里、百度、华为等）跨界进入。这些企业具有强大的技术和研发能力，很快对该企业构成了强大的竞争压力。此前，该企业重点关注订单和项目，对于技术的发展、积累和储备并没有太重视。在这种情况下，该企业找到了我们团队，希望提升研发和创新能力，以更好地应对这些新进巨头的挑战。

我们团队对该企业进行了一段时间的调研，发现企业研发和创新能力不强的原因如下。

1）公司对各个事业部的考核指标以营业收入为主，虽然指标中也有一些技术和创新方面的考核，但占比非常低。这使得各个事业部都以完成收入指标为重心，对研发、创新和技术积累关注得很少。

2）公司的创新组织和机制存在问题，如各个事业部都有研发部门，不同事业部虽有共性的业务和技术，但它们之间的技术和积累没有共享，经常在做"重复造轮子的事情"，大大降低了研发效率。

3）公司虽然新成立了和事业部平级的中央研究院，但由于资源配置不足，中央研究院仅仅是做一些研发创新日常事务管理和考核方面的事情，无法为各事业部的研发创新进行赋能。

此外，该企业还存在封闭式的研发创新问题，而行业发展对开放式创新有要求。

2.构建 CBB

基于调研结果，我们为企业提供了一整套解决方案，其中包括企业如何做好产品规划、如何构建技术中台、如何提取技术公共要素来搭建共用模块，达到货架式高效研发的效果等。考虑到篇幅因素，本案例仅以构建 CBB 为例来介绍该企业如何提升研发能力和效率。

该企业在智能交通和智能市政领域交付了大量项目。在我们的建议下，中央研究院梳理了公司 5 个事业部交付过的一些典型项目，发现不同事业部的很多项目存在功能类似的模块。这为提取公共技术要素和构建 CBB 提供了可行性。CBB 的构建分为如下几步。

（1）提取公共技术要素

由中央研究院牵头，通过梳理项目，提取一些公共技术要素。虽然这 5 个事业部负责的业务有差别，但解决方案、底层技术有很多相似的地方，技术要素也存在很多共同之处。

（2）开发 CBB

根据提取的公共技术要素被用到的频率以及价值等，中央研究院对提取的公共技术要素进行排名并设置了一个标准，对超过这个标准的技术要素，评估是否有必要规划成 CBB。某个模块一旦被规划为 CBB，就被分配到某个事业部进行开发。分配的原则是哪个事业部对此 CBB 比较成熟，就由该事业部负责开发和验证，验证通过后入库。此外，开发 CBB 的事业部需要负责对该 CBB 进行维护和升级。技术要素的提取和 CBB 的开发参见图 5-6。

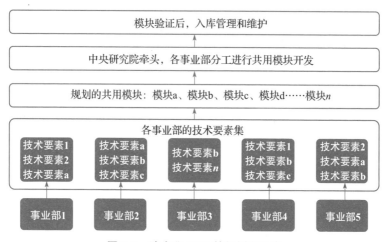

图 5-6　该企业 CBB 的规划和开发

（3）组织保证

技术要素的提取、CBB 的规划及开发工作并不难，但有效地落实下去是一件有挑战的事情。此前，各个事业部交付产品时都在"重复造轮子"，一个很重要的原因是没有强有力的组织来推动 CBB 构建这件事情。因此，该企业成立了中央研究院这个组织。它的层级和事业部平级，但比各个事业部的研究院高一级。该企业授权中央研究院负责整个企业的研发和创新能力的提升。这样，中央研究院能够调动各个事业部研究院的资源。同时，为了更好地把中央研究院的规划和决策贯彻到各个事业部，中央研究院成立了一个技术专家组的虚拟组织，由中央研究院院长任组长，各个事业部研究院的总工担任专家。像上面提到的公共技术要素的提取、CBB 的规划和开发以及任务的分工等重大事项，都是由这个技术专家组进行讨论并做出决策后，再由各个事业部研究院落实。

（4）制度保证

构建的 CBB 要想产生良好的效果，仅有组织保障还不够，还需要配套的机制来保证。

中央研究院制定了一整套机制来激励各个事业部主动承担 CBB 的开发和维护工作，同时激励积极使用 CBB。在激励开发 CBB 的同时还激励使用 CBB，是因为 CBB 只有被更多事业部使用，它的价值才会更大。中央研究院制定的机制可以概括为"胡萝卜加大棒"。

所谓的"大棒"，即从考核指标上规定必须完成的任务，对于未达成任务目标的事业部进行扣分。而所谓的"胡萝卜"，则是对于完成规定任务的事业部给予奖励。在这种机制下，CBB 的开发方有强烈的意愿将 CBB 做好并向其他事业部推荐，而各个事业部也愿意去使用 CBB。这种奖惩结合的方式可以极大地调动各个事业部开发和调用 CBB 的意愿。

以上是我们团队为该企业构建 CBB 提供解决方案的部分内容。对于其他如何规划产品、如何搭建技术中台等需求，我们也形成了相应的解决方案。

3. 启示

1）对于长期专注于某一领域的企业，即使采用项目型交付的商业模式，也可以考虑构建 CBB，以解决"重复造轮子"的问题，并提高项目交付的效率。对于以产品开发为商业模式的企业来说，构建 CBB 更是至关重要。

2）企业在构建 CBB 时需要从系统层面进行综合考虑，仅仅关注 CBB 的内容是难以取得成功的。

5.6 本章小结

1）技术开发来源于技术规划，而技术规划来源于产品规划以及平台规划过程中识别出的技术难题。

2）技术开发流程同产品开发流程一样，遵循 V 模型框架，但两者在具体阶段上存在差异。

3）企业构建 CBB 时做到设计和资源共享，可以提升产品和技术开发的效率及质量。

4）构建 CBB 的原则有两条：一是 CBB 需要被使用得多，二是制定配套的机制。

5）平台化开发是在产品平台基础上进行一系列的产品开发，以满足不同细分市场的需求。

6）产品平台的规划来源于产品的规划，具体为根据产品规划中涉及的技术要素和共用模块的数量以及关系，判断是否需要规划产品平台来实现这些产品。

7）产品平台规划是一项既具有挑战性又伴随着高风险的工作，回报往往需要较长时间才能显现。只有多次使用产品平台并进行一定规模的产品开发，才能真正构建一个完整的产品平台。

☞ **实务经验**

❑ 不是反复使用的功能模块不适合设计成 CBB。CBB 在设计、维护和调用等方面需要有良好的机制保障，否则它只会躺在模块库里面，无法发挥价值。很多企业的 CBB 由于缺乏机制保障，形同虚设，浪费了大量资源。

❑ 不要在产品开发过程中进行技术开发，即不要在产品开发中解决技术难题。因为这样做会让产品开发的交付时间遥遥无期。如果产品开发中遇到技术难题且短期无法解决，企业应尽早对产品项目进行变更，并对技术难题进行立项解决，在技术难题得到解决后，再考虑新产品的开发。

第二篇 产品研发组织

产品研发要获得成功，仅有好的研发流程是不够的，还需要有合适的研发组织支撑。在本篇中，第 6 章介绍产品研发常见的组织形式，第 7 章重点介绍产品研发中一些重要的虚拟组织，以及这些组织如何执行研发流程中的重要任务。

产品研发常见的组织形式

职能制、项目制和矩阵式是企业产品研发最常见的几种组织形式。本章在介绍这三种组织的基础上，给出企业构建产品研发组织的一些原则。

6.1 职能制组织

1. 什么是职能制组织

职能制组织是根据职能来划分部门分工形成的。从企业高层到基层，所有承担相同职能的管理业务及其人员都被组合在一起，并设置相应的管理部门和管理职位。例如，研发、销售、采购和财务是不同的职能领域。根据职能制组织的定义，我们需要设立研发部、销售部、采购部和财务部，并在这些部门中设置经理等职位。

实际上，职能制组织类似于德国社会学家马克斯·韦伯提出来的科层制。科层制体现在"科层"两个字上面。"科"表示专业、职能，"层"表示层级。科层制早期主要用在政府机构，例如国家层面，根据"科"可以分为教育部、工信部、公安部等，根据"层"，到了省级对应的分别是教育厅、工信厅、公安厅等。如今，科层制仍是世界上大多数国家和政府采用的组织形式。

具体到企业，职能制也是当今企业常采用的组织形式。企业常见的职能制组织形式如图 6-1 所示。

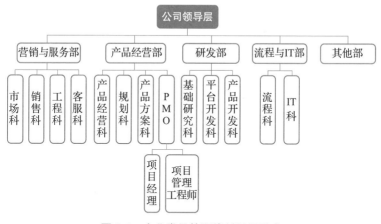

图 6-1　企业常见的职能制组织形式

2. 产品研发的职能制运行模式

在职能制的组织模式下，如何进行产品研发？下面举一个例子来介绍。

按照前文所述的 V 模型，产品研发的源头是客户需求或者市场需求。在职能制的组织模式下，了解和分析市场、从具体的客户处获得需求等工作，由市场部或者销售部负责。企业在获得客户需求后，对需求进行分析，然后进行产品开发、测试，这些工作由研发部负责。产品研发需要的物料以及后续生产需要的物料采购任务，则由采购部负责。在研发部完成测试后，接下来进入产品试制、验证和生产阶段，这些工作主要由中试部和生产部完成。最后，销售部负责产品的销售。实际上，还有质量部负责产品的质量管理，财务部负责项目的成本核算。职能制组织模式下的产品研发流程示意如图 6-2 所示。

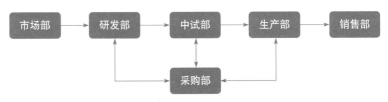

图 6-2 职能制组织模式下的产品研发流程示意

在职能制组织模式下，项目中不同职能的员工向各自的职能部门负责人（如部长）汇报工作。同时，项目中不同职能部门之间的员工是平级关系。通常，在项目开发过程中，不同职能部门之间的沟通主要在项目中相应的成员之间进行。这时，不同职能部门之间的沟通问题不大。然而，在项目运行过程中，各种冲突和矛盾是必不可少的，例如项目成员对职能工作边界的划定理解不同、资源冲突、问题定位不清等。当项目成员之间出现沟通不畅或冲突等情况时，在职能制组织模式下，他们会首先把问题和冲突反馈给各自部门的负责人，由负责人进行沟通和协调，达成一致后再由项目成员执行。一般来说，不同职能部门成员之间的冲突往往出现在职能工作切换的接口处，而在职能部门内部则较少出现冲突。例如，市场部将市场需求移交给研发部，研发工程师进行需求分析和产品定义，市场部员工和研发部员工可能会因为理解不同而沟通不畅甚至产生冲突。同样，研发部将完成设计的样品交付给中试部进行试制时，也可能会因为工作接口而产生各种问题。

如果开发的产品比较简单，整个产品开发过程中仅有少数的职能工作切换，那么职能制组织模式存在的沟通问题是可以接受的。然而，现在的产品开发过程已经变得相当复杂。例如，客户需求并非一成不变，尽管产品已经进入研发阶段，客户仍可能增加新的需求。客户每更新一次需求，就可能给市场部和研发部之间的工作沟通和协作带来问题。因此，在客户需求或市场需求经常变化的情况下，市场部和研发部之间出现沟通不畅甚至冲突的可能性以及冲突数量将会大大增加。然而，在当今时代，市场和客户需求变化已经成为常态。同样，研发和采购的工作并不是完全串行的，而是相互穿插的，每次穿插都导致了跨职能部门沟通和协作的发生，也增加了潜在的冲突。部门之间协同工作在流程上存在先后关系，但并非完全串行的模式，也存在大量穿插情况。因此，在复杂产品开发过程中，如果仍然采用职能制组织模式，沟通成本将大大增加，从而降低产品的开发效率。

3. 职能制组织的优点和缺点

职能制组织存在如下优点。

1）**职责明确**　每个职能部门都有对应的权责，这有助于防止职责不清的情况发生。以市场部为例，它主要负责与市场相关的工作。

2）**专业化**　职能制组织能够确保不同的职责被分配给相应的专业人员，从而提高工作效率和质量。例如，研发部门员工的核心能力是研发。为了提高研发效率和质量，研发部门的员工需要在部门内接受专业培训。同样，其他职能部门也需要进行类似的专业培训。

3）**优化资源**　职能制组织能够优化资源配置，避免资源浪费和重复投入。例如：研发部和采购部的职能需要分开，两个不同职能部门的职责不能重叠，否则容易导致资源浪费。

职能制组织也存在一些缺点。

1）**沟通不畅**　沟通不畅是职能制组织最大的缺点。在前面介绍的产品开发过程中，特别是当产品比较复杂时，跨职能沟通会产生大量问题，因此降低了产品开发效率。

2）**决策缓慢**　职能制组织模式下，决策需要经过多个职能部门的审批，导致决策速度较慢。

3）**缺乏整体性**　职能制组织中各个职能部门往往只关注自己的职责范围，缺乏整体性的思考和协作。

那么，有没有一种组织模式能弥补上述不足？项目制组织就是其中一种。

6.2　项目制组织

1. 什么是项目制组织

项目制组织是为了完成特定的项目而设立的。在项目制组织中，人员和资源都是为了完成特定的项目而不是为了维持组织本身的运营组织起来的。因此，项目制组织通常是临时性的。一旦项目完成，组织就会解散。

项目制是以项目为核心单元的组织模式。在这种模式下，项目经理担任核心领导角色。项目团队通常包括研发、测试、生产、营销、售后等不同职能的成员，具体组成取决于产品的功能需求。例如，产品涉及复杂的技术研发，那么研发团队的规模可能会更大。常见的项目制组织模式如图 6-3 所示。一个企业可能由多个项目制组织构成，但仍然会有一些公共部门（如人力资源部、财务部和 IT 部等）不纳入项目制管理。

图 6-3 项目制组织模式

企业一般在两种情况下会采用项目制组织模式。

（1）初创时期

初创时期，企业的规模还很小，研发、市场、销售、采购等职能人员都很少，不足以形成职能部门。此时，企业采用项目制模式进行管理，针对项目构建组织。在一个项目组织内，项目经理管理这个组织内的所有职能人员，可以避免职能制组织中跨职能沟通、协调存在的各种冲突问题，从而大大提升产品开发效率。

（2）组织成熟期

企业拥有职能部门，甚至已经开始采用矩阵式组织进行产品开发。然而，在某些特殊情况下，例如项目特别紧急或特别重要时，企业需要高度关注并快速、高质地完成项目，如果仍然采用职能制组织模式或矩阵式组织模式，可能很难达成项目目标。此时，企业可以采用项目制组织模式进行产品开发，即在原有组织模式下，抽出项目所需的各种职能人员成立一个项目组织，以完成项目的交付。在整个项目运行过程中，部门负责人对项目成员没有考核和评价的权力，而是由项目经理完成。在这种情况下，项目组织成为一个高度独立的组织。

　　笔者曾在一家知名的通信公司经历了这样的情况。那时，该公司员工已有超过2万名，是一个组织很成熟的大公司。然而，在2006年，公司为某一产品线设立了一个公司级重点项目，要求在6个月内完成产品的开发并交付。考虑到当时的产品开发效率，这似乎是一个不可能完成的任务。但在公司高层的支持下，该项目采用了高度独立的项目制运行方式，最终按时完成了目标。项目完成后，团队成员又回到了各自的部门。这一经验表明，项目制组织模式具有很高的效率。但需要强调的是，对于已经成熟的组织，不建议频繁采用这种临时的项目制组织模式，因为这可能会破坏整个组织的运行机制。

　　2. 产品研发的项目制运行模式

　　相比职能制组织模式，项目制组织模式下的产品开发流程基本相同，但是大部分的跨职能沟通会在项目内进行，因为有项目经理作为沟通的协调人，即使不同职能的人员之间发生冲突，问题也会较快地得到解决。因此，仅从产品开发效率来看，项目制比职能制组织模式要更好。

以上介绍的是单个项目的情况，然而，从一个公司的整体运营来看，可能同时开展多个项目。部分员工参与多个项目且任务或资源发生冲突时，就会产生跨项目沟通需求。这种沟通主要在项目经理之间进行。如果一个公司同时开展的项目很多，其中又有一些员工参与多个项目，那么跨项目沟通成本也会相应增加。因此，项目制组织模式常见于初创公司或规模较小的公司，因为这些公司的项目数量相对较少。对于成熟的大公司来说，项目制组织模式仅在特殊情况下采用，并未成为主流的组织模式。

3. 项目制组织的优点和缺点

1）**优点**。项目制组织解决了职能制组织在产品开发过程中沟通效率低的问题，能加快产品的开发。

2）**缺点**。如果公司同时开展的项目比较多，大量的跨项目沟通会导致沟通效率下降。此外，纯粹的项目制组织由于没有设置职能部门，因此缺乏专业的建设和培训，公司的专业化水平和竞争能力很难提高，反过来又会影响到产品开发效率和质量。

那么，有没有一种组织能兼顾以上两种组织的优点，又尽可能减少缺点？矩阵式组织便是其中一种。

6.3　矩阵式组织

1. 什么是矩阵式组织

矩阵式组织兼具职能制组织和项目制组织的特点，即这种组织既有职能制组织的科层属性，也有项目制组织相对独立且临时性的属性。典型的矩阵式组织如图 6-4 所示。

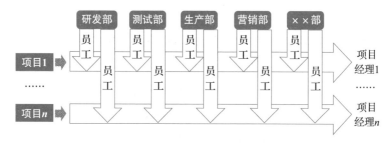

图 6-4 矩阵式组织模式

以某产品开发项目为例，在矩阵式组织模式中，项目中的每位成员（如开发人员、测试人员等）由项目经理带领进行产品开发。同时，他们在职能上又隶属于某个职能部门（如开发部门、测试部门等），既对项目经理负责，又对职能部门领导负责。

从矩阵式组织的特点可以看出，矩阵式组织模式比职能制和项目制组织模式要复杂。为什么产品开发项目需要采用这么复杂的组织模式？这主要和产品开发的复杂度有关。如果开发的产品比较简单，即只要少数几个部门就能开发出来，且开发的流程有比较严格的先后顺序，那么采用职能制组织模式的开发效率会更高。如果产品开发不需要很先进的技术，对各种职能能力（如研发能力、采购能力和生产能力等）要求不高的话，也可以采用项目制模式进行产品开发。但是，现在很多产品的开发过程越来越复杂，它不仅要求多个职能部门参与，而且每个职能部门的工作相互依赖且多次穿插。对于这么复杂的产品，再采用职能制或者项目制模式，几乎不可能很好地完成产品的开发。这种情况下，采用矩阵式组织模式进行产品开发是更好的选择。事实上，像通信产品、汽车产品、高端装备等复杂产品，几乎都是采用矩阵式组织模式进行开发的。

2. 产品研发的矩阵式运行模式

在矩阵式组织模式下，职能部门负责职能能力的提升和建设，项目线负责把各种能力组合起来，按照目标完成产品的开发，对项目的成败负责。

在通过立项并任命项目经理后，各职能部门需要根据立项所需的资源来提供相应的人力资源。项目经理随后组建项目团队，并带领各职能人员进行产品开发。在整个产品开发过程中，项目经理负责分配任务给项目组的所有成员，并对他们在本项目中的工作表现进行评价和考核。在此过程中，各职能部门的领导主要负责为项目提供专业的支持，不参与具体的管理工作。当然，项目经理和职能部门负责人需要经常进行沟通。职能部门需要了解项目的进展情况，也要了解自己部门的员工在项目中的表现情况，以便更好地提供支持。项目经理需要了解职能部门的情况，例如了解职能部门的专业能力变化、本项目成员是否还承担了其他方面的工作等，以便更好地安排项目成员的工作。

总体来讲，在矩阵式组织模式中，产品开发工作主要由项目经理带领项目成员完成，职能部门主要负责提供专业的支持，两者分工比较明确。

在矩阵式组织模式下，项目经理这个角色非常重要，因为他带领的项目成员来自各个不同的职能部门，这些成员都不是他的"兵"，他是借用其他部门的"兵"来完成项目任务。因此，矩阵式组织模式下的产品开发不仅对项目经理的能力要求比较高，也要求项目经理来自层级较高的部门，比如产品部或者项目管理办公室（Project Management Office，PMO）。在很多企业，产品部或者 PMO 通常比常规的职能部门（如硬件部、软件部、质量部）要高半级或者一级，如图 6-5 所示。项目经理如果来自常规职能部门的话，在调动同级别不同职能部门的资源时会有较大的困难。

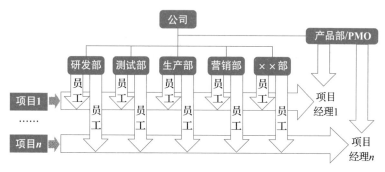

图 6-5　矩阵式组织部门示意

3. 矩阵式组织的优点和缺点

1）**优点**。如前文所述，矩阵式组织具有职能制组织专业的优点，兼具项目制组织高效沟通的优点。在复杂的产品开发流程中，矩阵式组织相比职能制和项目制组织模式具有很大的优势。事实上，现在越来越多的企业，尤其是规模较大的企业，都在采用矩阵式组织进行产品开发。

2）**缺点**。首先，矩阵式组织模式对企业的成熟度要求比较高。如果一个企业的职能组织不够成熟，矩阵式组织很难达到应有的效果。其次，如果开发的产品比较简单，矩阵式组织反而会降低产品开发的效率。最后，矩阵式组织模式下的项目管理比较复杂，对项目经理的任职能力要求非常高，需要企业较长时间去培养合格的项目经理。关于项目经理的能力和特质要求，将在第10章进行介绍。

最后需要指出的是，没有十全十美的组织模式，而且一个企业的组织模式也不是一成不变的。每个企业应该根据自己的业务特点、规模、成熟度以及市场竞争等因素，去构建适合自身实际情况的组织模式。

6.4　企业构建产品开发组织的原则

在企业发展过程中，产品开发组织需要随着业务和规模变化不断地进行调整。这种调整包括大调整和微调整。那么，企业构建产品开发组织需要遵循哪些底层原则？笔者把它概括为专业性和效率两个原则。

1. 项目制组织的构建

企业初创或规模较小的时候，职能体系尚未完全建立。采用项目制组织模式的主要目的是快速响应市场和客户的需求，迅速推出产品，从而提升效率。对于成熟型企业来说，临时采用项目制组织模式也是为了追求效率的提升。

2. 职能制组织的构建

当企业发展到一定阶段和规模时，对专业性的要求越来越高，此时就要构建职能制组织。职能制组织是当今企业的主流组织模式，也是构建矩阵式组织的基础。职能制组织的建立遵循专业性原则。

具体到职能部门的建立，是否应该成立独立部门或者一级独立组织，还需要考虑两个因素：管理幅度和组织的成熟度。

1）**管理幅度**。美国管理协会对 100 家企业所做的一项调查研究显示，大型公司（超过 5000 人）总经理的管理幅度为 1 至 14 人不等，平均为 9 人；中型公司（500 ～ 5000 人）总经理的管理幅度为 3 至 17 人，平均为 7 人。

笔者曾就职于一家大型通信公司。该公司规定，同一专业的员工必须达到 7 人才可以建立科室。科室是该公司的基层组织。此外，只有当科室数量达到一定标准时，才能设立一个部门。实际上，随着科技和 IT 工具的进步，现代组织的管理幅度已经得到了扩展。例如，我们可以看到扁平化组织中，一名管理者可以轻松地管理十几名甚至更多的员工。

2）**组织的成熟度。**虽然一个组织的规模达到了可以成立一级独立组织的水平，但由于其成熟度不足，建立独立的组织并不合适。这是因为整个组织还没有达到独立发展并更快地实现专业化的状态。相反，让其在职能相近的组织中孵化，等成熟后再独立出去会更合适。

笔者曾作为咨询专家为一家知名零部件企业提供服务。该企业的技术中心设有一个电化学团队，团队成员主要是新入职的应届生。尽管员工数量已达到 10 人，按照公司制度可以成立一个独立的科室。然而，由于公司的相关业务和电化学职能仍在探索阶段，因此并没有成立独立的科室。该团队被放置在氢能研发的相关科室进行孵化，并计划两年后独立出去。

3. 矩阵式组织的构建

矩阵式组织是以职能制组织为前提。企业在职能制组织的基础上构建矩阵式组织进行产品开发，是在专业基础上追求效率。并不是所有企业都需要构建矩阵式组织，这取决于企业产品开发的特点。一般来说，只有比较复杂、需要多个职能部门参与的产品开发，才适合采用矩阵式组织来提升开发效率。如果产品开发比较简单，采用矩阵式组织反而可能降低开发效率。

矩阵式组织模式又可以分为强矩阵组织模式和弱矩阵组织模式。强矩阵组织模式和弱矩阵组织模式的区别主要体现在项目运行中项目线和职能线哪边的权力更大。这些权力主要体现在对项目员工的考核、评价以及利益分配等方面。如果项目线的权力更大，则属于强矩阵模式；反之，属于弱矩阵模式。图 6-6 和图 6-7分别展示了强矩阵组织模式和弱矩阵组织模式。

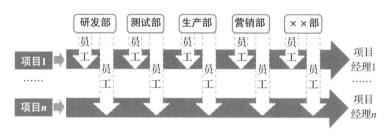

图 6-6　强矩阵组织模式

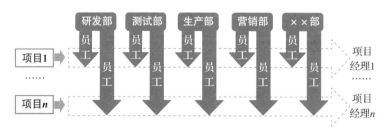

图 6-7　弱矩阵组织模式

究竟应该采用弱矩阵组织模式还是强矩阵组织模式，取决于企业的项目运行能力和成熟度，以及企业的价值观。如果企业的项目运行能力比较强，而且企业的商业盈利模式就是以交付项目和产品为主，则可以考虑采用强矩阵组织模式。当然，弱矩阵组织模式比较符合职能制的管理理念，是大多数矩阵式组织采用的模式。

6.5 本章小结

1）职能制组织是按职能来组织部门分工，是当今企业最常见的模式。在职能制组织模式下，以职能部门为单位来完成对应的产品开发任务。

职能制组织的优点是职责明确、专业化，可以避免资源重复投入，从而节省资源。职能制组织的缺点是跨部门之间的沟通不畅、决策缓慢和缺乏整体性。

2）项目制组织是为了完成特定的项目而设立的。它是一种临时性的组织，当项目任务结束时，组织就会解散。

在项目制组织模式下，以项目为单位来完成对应的产品开发任务，项目负责人对项目的成败负责，对项目的影响力比较强。

项目制组织的优点是单项目的运行效率更高，缺点是涉及多项目的情况下，项目之间的沟通和协调工作比较多。此外，项目制组织的专业化能力不如职能制组织的专业化能力。

3）矩阵式组织兼具职能制组织和项目制组织的特点。矩阵式组织需要以职能制组织为基础，职能制组织的成熟度影响矩阵式组织的运行效果。

矩阵式组织兼具职能制和项目制组织的优点，但对组织的成熟度以及项目经理的能力要求比较高。

4）企业构建产品开发组织依据的底层原则是专业性和效率。企业在规模比较小时重点考虑效率，此时采用项目制组织模式比较合适。企业发展到一定规模时重点考虑专业性，此时采用职能制组织模式比较合适。当产品开发比较复杂时，企业可以采用矩阵式组织模式。

☞ 实务经验

构建矩阵式组织需要在职能制组织相对成熟的前提下进行。然而，由于组织惯性的存在，在转变为矩阵式组织的过程中，职能制组织会对矩阵式组织的运作产生阻碍作用。从某种意义上说，矩阵式组织是项目线对职能线的一种"分权和分利"。因此，这种转变不仅仅是组织形式的转变，还需要一系列制度的支持，包括对矩阵式组织各种权力的明确以及 IT 系统配套的支持。更重要的是，企业还需要转变观念。只有员工都认可并接受了矩阵式组织的理念，才能让矩阵式组织发挥更大的作用。

第 7 章 | C H A P T E R

产品研发组织和流程的关系

组织与流程之间的关系可以理解为人与事之间的对应关系。本章主要介绍产品研发组织和团队如何完成研发任务、产品研发流程中涉及的三类团队定义和分类，以及这三类团队在前端流程、需求管理流程、产品开发流程和技术开发流程中的分工及协作关系。

7.1 组织和团队

1. 团队的概念

管理学家对团队做了非常多的定义，比如管理学家斯蒂芬·

P·罗宾斯提出，团队就是两个或者两个以上的，相互作用、相互依赖的个体，为了特定目标而按照一定规则结合在一起的组织，他还提出了组成团队的 5 个重要构成要素（简称 5P），即目标（Purpose）、人（People）、定位（Place）、权限（Power）、计划（Plan）。

本书不深入探讨团队的定义，而是重点介绍产品研发过程中涉及的一些团队以及它们的特征。根据团队的概念，一个部门可以视为一个团队，一个项目的全体成员也可以构成一个团队。本书将职能部门称为实体团队，例如某个部门是一个实体团队，某个事业部也是一个实体团队；将临时性组织称为虚拟团队，例如项目团队、各种决策团队、委员会等。

第 6 章提到的职能制组织由各种实体团队所构成，矩阵式组织由各种实体团队和虚拟团队所构成。

2. 产品研发流程中的主要虚拟团队

产品研发，涉及各职能部门，这些部门即实体团队。本章主要介绍矩阵式组织模式下的跨职能虚拟团队。

产品研发的虚拟团队可从层级和功能划分。从层级划分，决策团队属于高层，管理团队属于中层，执行团队如产品团队属于基层。从功能划分，产品研发的虚拟团队可分为决策团队、管理团队、产品规划团队、产品开发团队，以及技术开发团队等，如图 7-1 所示。

（1）决策团队

决策团队包括产品审批委员会（Product Approval Committee，PAC）和技术委员会（Technical Committee，TC）。

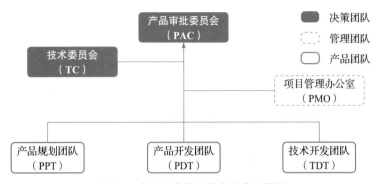

图 7-1　产品研发涉及的主要虚拟团队

PAC 是产品的"投资者"，负责决策产品做还是不做。它包括决策产品规划路标、项目是否立项，以及项目过程中是继续进行还是停止。PAC 是一个跨职能团队，由不同职能部门负责人组成。产品经营负责人是 PAC 中最核心的角色。一般来说，这个角色担任 PAC 团队的主任。此外，PAC 中一般还有研发部负责人、市场部负责人以及生产部负责人，分别对产品研发的市场可行性、技术可行性以及生产可行性进行评估。PAC 应该有多少人，和企业的具体情况有关，但底层逻辑是 PAC 中的成员应该熟悉产品的市场、技术、生产等。只有这样，PAC 才能做出更加科学的决策。

TC 是协助 PAC 进行技术评审的团队，虽然属于决策团队，但在业务上没有决策权限。TC 的主要职责包括对产品平台、技术平台、技术路线以及技术成果等进行评审。TC 一般由技术专家组成，在很多公司由首席技术官（Chief Technology Officer，CTO）或者总工程师担任负责人。

（2）管理团队

有些企业将产品管理团队纳入 PMO。PMO 可以是实体部门，如项目管理部，也可以是虚拟组织，即项目管理办公室。对于不同的企业，PMO 的职责有所不同，但主要包括对项目管理的指导、项目管理能力的建设、项目管理流程和制度的制定以及项目运行的监控等。有些企业会将项目经理纳入 PMO，但项目经理团队和项目监控团队会区分开来，以避免"既当运动员，又当裁判员"的现象出现。

PMO 中的成员背景比较多样化，而且不同企业的差别非常大，但如果 PMO 职责确定了，对应的团队成员也会比较确定。

（3）产品团队

产品团队包括产品规划团队、产品开发团队和技术开发团队。

1）**产品规划团队（Product Planning Team，PPT）。** PPT 主要负责产品需求分析和产品规划，工作内容如第 2 章所述。由于产品规划需要对市场有深入了解，也需要对技术发展路径比较熟悉，因此产品规划团队成员通常由市场专家和研发专家组成。产品规划是确保"做正确的事"，对产品研发的成功与否具有方向性作用。因此，在许多企业中，产品规划团队由市场和研发领域的"骨灰级"专家组成，以确保产品规划的正确性。

2）**产品开发团队（Product Derelopment Team，PDT）。** PDT 主要负责产品的开发，对新产品的成功上市负责，工作内容如第 4 章所述，是产品团队中最重要的团队之一。PDT 一般由多职能成员组成，如市场、研发、采购、质量、财务、生产、服务等部门的成员。PDT 需要由哪些类型的职能成员组成，取决于企业的具体业务需求。PDT 的负责人通常是产品经理或项目经理，他们一般来自产品部或 PMO。

3）**技术开发团队（Technical Development Team，TDT）**。
TDT 主要负责平台的开发、技术的预研等工作，工作内容如第 5
章所述。TDT 也是一个多职能成员组成的团队，只是相比 PDT，
职能类型会有所减少，例如技术开发为企业内部的产品服务，它
不是一个完整的产品，所以不会涉及销售、售后服务、生产等职
能，如果是纯软件的技术开发，也不需要采购成员。TDT 主要由
研发职能人员组成。

7.2 产品研发流程和团队的关系

本节介绍在产品研发流程中关键的工作分别由哪些团队来
负责。

1. 前端流程和团队的关系

前端流程涉及的主要工作如第 2 章所述，包括宏观市场分
析、细分市场分析、战略定位分析以及产品规划。其中，前三步
工作主要是进行各类市场分析。在很多公司中，这些市场分析
类工作主要由市场部来完成，最后形成各类市场分析报告。在
不同规模的公司，分工可能会有所不同。在规模比较大的公司，
可能前三步工作会分给不同的部门来完成。例如笔者曾经作为
咨询专家服务的一家集团公司，它的宏观市场分析工作由战略
规划部来完成，而细分市场分析以及战略定位由市场部来完成。
战略规划部输出的宏观报告作为市场部进行细分市场分析的输
入。当然，市场部也会对宏观市场做一些分析，以验证宏观市场
分析。

　　产品规划是前端流程中至关重要的一项任务，通常由专门的团队或部门负责完成，主要成果是产品路线图。例如，规划团队（详见 7.1 节）通常由经验丰富的市场人员和研发专家组成，形成一个跨职能的虚拟团队。有些公司将产品规划工作纳入规划部门。以笔者曾经工作的大型通信公司为例，该公司规划部门不仅拥有大量经验丰富的市场人员，还有一批研发经验丰富的系统工程师和架构师，因此作为职能部门，能够完成高度复杂的产品规划工作。

　　前端流程和团队的关系如图 7-2 所示。

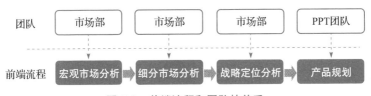

图 7-2　前端流程和团队的关系

2. 需求管理流程和团队的关系

　　需求管理流程从前到后依次有 5 个步骤，分别是需求收集、分析、分配、实现和验证。

　　在这五个步骤中，前三个步骤可能涉及多个产品或项目。例如，需求收集是公司层面或产品线层面的行为，可能是针对 A 产品，也可能是针对 B 产品或其他产品。需求分析与此类似，它是对需求收集库中的众多需求进行分析，以确定哪些需求可以实现，哪些需求不能实现，哪些需求的价值较大，哪些需求的价值较小等。需求分配是将不同的需求分配到相应的产品中进行实现。例如，某些需求适合分配给 A 产品实现，而某些需求适合分配给 B 产品实现。这本质上是一个产品规划的过程。

需求收集涉及的成员非常多，包括销售人员、市场人员、研发人员，因此需求收集没有固定团队。但是，不同人员通过不同渠道收集到的需求需要通过固定的团队进行整合，最后按同样的格式和标准录入企业的需求库并对需求库进行科学的管理。这样有利于需求管理的后续一系列工作。因此，企业可以通过设置需求管理团队或者角色来完成需求收集整合和需求库管理工作。这个团队或者角色可以放在市场部。需求分析和需求分配对成员的能力要求非常高，要求成员不仅熟悉市场，还要熟悉技术和研发，可以由 PPT 负责完成。

五个步骤中的后两个步骤（即需求实现和需求验证）特指对某个产品或者某个项目的行为。其中，需求实现的过程就是产品开发或者技术开发的过程，主要由 PDT 团队或者 TDT 团队负责。需求验证应该由研发域之外的团队负责，比如产品规划团队，或者市场团队等。

需求管理流程和团队之间的关系如图 7-3 所示。

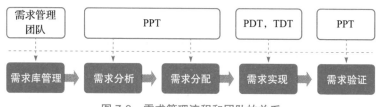

图 7-3　需求管理流程和团队的关系

3. 产品开发流程和团队的关系

项目立项后进入产品开发流程。产品开发流程包括 5 个阶段：概念、计划、开发、验证和交付，主要由 PDT 负责完成，但也涉及和其他团队的协作、交互。比如在产品开发流程的几次决策评审中，PDT 准备好决策评审材料，经 PAC 决策评审，决策通过后项目继续往下进行。开发流程是否合规需要 PMO 对项目运行过程进行监控。此外，产品开发过程中会有多次技术评审，而技术评审成员不仅仅有本项目成员参与，还会涉及项目外的评审专家或者团队。最后，产品开发结束后要移交给运营团队，PDT 和运营团队之间还涉及工作的交互。因此，虽然是以 PDT 为主贯穿整个产品开发流程，但也会涉及和其他团队进行跨团队协作和沟通。产品开发流程和团队的关系如图 7-4 所示。

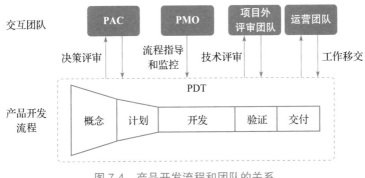

图 7-4　产品开发流程和团队的关系

4. 技术开发流程和团队的关系

5.2 节详细介绍了技术开发和产品开发在流程方面的异同点。其中，涉及团队的差异主要有两方面。首先，技术开发主要由 TDT 负责。其次，与产品开发涉及的技术通常更为成熟不同，技术开发流程中的决策评审通常是先经过 TC 的技术评审并给出结论，然后由 PAC 决策项目是否继续进行。这两方面是技术开

发流程和产品开发流程在团队方面的最大差异。除此之外，如
PMO 的监控、项目外评审团队的参与等，两者是相同的。技术
开发流程与团队的关系如图 7-5 所示。

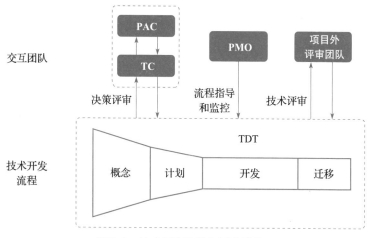

图 7-5   技术开发流程与团队的关系

7.3   本章小结

1）本书把职能部门称为实体团队，把临时性组织称为虚拟
团队。

2）产品开发全流程中有 3 类跨职能的虚拟团队，分别是
决策团队、管理团队和产品团队。决策团队包括产品审批委员
会（PAC）和技术委员会（TC）。其中，TC 负责技术的评审，为
PAC 的决策提供技术上的支持，但在业务上没有决策权。PAC 是
产品开发的最高决策团队，为产品开发提供决策结果资源支持。
管理团队主要包括 PMO，主要负责项目管理的指导、项目管理

能力的建设、项目管理流程和制度的制定，以及项目运行的监控等。产品团队包括 PPT、PDT 以及 TDT 三类，分别负责产品规划、产品开发以及技术开发。

3）产品研发各个不同阶段的工作分别由不同团队负责。

前端流程中的宏观市场分析、细分市场分析和战略定位分析工作主要由市场部负责，而产品规划工作主要由 PPT 负责。

对于需求管理流程中的需求收集工作，很多角色都可以完成。需求库管理工作由相应的需求管理团队负责。需求分析和需求分配主要由 PPT 负责。需求实现主要由 PDT 和 TDT 负责，需求验证由 PPT 负责。

PDT 需要和其他团队如 PAC、PMO 以及项目外评审团队协作、交互。TDT 除了需要和 PAC、PMO 以及项目外评审团队协作、交互外，还需要和 TC 协作。

☞ **实务经验**

❑ 产品研发过程中团队与流程之间的关系较为复杂。流程中的各个任务由不同的团队承担，部分任务由同一团队完成。换句话说，团队与任务之间存在交互关系。此外，产品开发全流程中的任务数量众多。因此，团队与任务的组合变得相当复杂。为了更好地呈现任务与团队之间的对应关系，我们通常可以采用泳道图进行描述。实际上，许多企业的研发流程都是通过泳道图来展示的。它能够很好地展示团队与任务之间的关系，以及随着任务的推进，职责在各个团队之间的传递。

❑ 企业在构建虚拟团队时，需要考虑自身的规模和业务的发展。在企业规模较小或者业务比较简单时，企业可以采用"一人兼多个角色、一个团队兼多个团队职责"的方式，做到"人少角色不能少、团队数量少但职责不能少"。随着规模不断扩大，或者业务变得复杂，企业可逐步减少个人和团队兼职现象。

第三篇 产品研发项目管理

产品研发流程关注的是企业产品研发的整体,更宏观,而研发项目管理侧重于具体的项目,更微观,但两者之间存在密切的联系。

本篇包括 3 章,第 8 章主要介绍产品研发项目管理和研发流程之间的关系,并对项目管理的三大知识体系做了概要介绍。第 9 章主要介绍产品研发项目管理的一些实务经验,具有一定的实操性和借鉴性。第 10 章介绍产品研发项目负责人的重要性以及应该具备的特质。此外,本章还介绍了项目核心团队角色及其任职能力要求。

|第8章| CHAPTER

产品研发项目管理概述

项目管理不仅涉及多个知识体系，还可以广泛应用于各个行业和领域。产品研发项目管理是项目管理众多应用中的一个，具有独特的特点。

本章主要包括 3 部分内容：第一部分探讨项目管理和产品研发流程之间的关系；第二部分介绍全球三大主要项目管理知识体系，即 PMBOK、PRINCE2 和 ICB；第三部分详细阐述产品研发项目管理的特点。

8.1　项目管理和产品研发流程的关系

项目管理体系适用于各个领域，如军事、战争、建筑施工等。从 20 世纪 80 年代开始，随着 PACE（Product And Cycle-time Excellence，产品及周期优化）理论的建立和发展，项目管理逐步应用于产品研发。所以，从时间上看，项目管理体系的成型早于产品研发流程体系。从范围来看，项目管理的应用范围要大于产品研发流程的应用范围。那么，项目管理和产品研发流程之间存在什么样的关系？

（1）什么是项目

不同机构对项目的定义有所不同，但它们之间存在一些共性。项目具有如下特性：一次性、独特性、目标明确性、临时性等。

1）**一次性**。项目一般只进行一次，不会重复进行。

2）**独特性**。没有两个完全相同的项目，项目之间总会有区别，哪怕是细微的区别。

3）**目标明确性**。项目的输出物包括产品、服务以及流程等，都有明确的目标。

4）**临时性**。项目存在明确的开始和结束时间。一旦项目结束，项目团队即可解散，因此是临时性的。

从项目的特性可以看出，产品的开发过程符合典型的项目特性。比如产品开发就是在一定的时间内，根据客户或者市场需求，开发出符合需求的产品。整个产品开发过程也符合项目的以上特性。所以，执行产品开发的过程实质上是执行一个项目管理的过程，而管理一个产品开发活动可以理解为产品开发的项目管理活动。

（2）项目管理和产品研发流程的区别

首先，产品研发流程属于公司层面的管理体系，是基于企业实际情况总结出来的最佳实践。按照这个实践规范，企业能够"多、快、好、省"地开发和上市产品。项目管理是用于每个具体项目的开发管理，目的是在约束的资源条件下，"按时、按质、按量"地完成项目交付，实现预定的项目目标。概括起来讲，产品研发流程主要关注企业整体的产品研发创新绩效，项目管理则重点关注每个项目的成败。

项目管理作为一门独立的学科，它的发展并非完全为了产品的研发。因此，产品开发团队在应用项目管理进行产品研发时，应根据企业既定的产品研发流程来制订项目计划、规划里程碑、确定项目交付物以及制定评价标准等。

从某种意义来说，项目的成败几乎等同于对应产品研发的成败。因此，企业需要提升项目管理能力，利用项目管理来提升产品研发的成功率。因此在本书中，我们把项目管理作为产品研发流程的支撑。

8.2 产品研发项目管理知识体系及特点

1. 项目管理知识体系概要

全球主要的项目管理知识体系有 3 个，分别是美国项目管理协会的 PMBOK、英国商务部的 PRINCE2 和瑞典国际项目管理协会的 ICB。

（1）PMBOK

PMBOK（Project Management Body of Knowledge）是项目管理知识体系英文首字母的缩写，是美国项目管理协会的代表作品。PMP认证为美国项目管理协会组织的全球性认证，采用的知识体系即PMBOK。

PMBOK强调项目管理的知识体系，第六版包括5大过程组、10大知识域和49个子过程。（注：PMBOK大约每4年更新一个版本，目前最新的版本是第七版。）

（2）PRINCE2

PRINCE2（PRojects IN Controlled Environment 2）是受控环境下的项目管理的英文缩写，是英国商务部的代表作品。PRINCE2认证主要为PRINCE2基础级和从业级。该认证是由英国商务部主导、英国皇家认可委员会（UKAS）授权、APMG推广实施的项目管理专业认证。

PRINCE2强调在具体的环境中如何应对，实战性更强。它的最新版本主要内容包含7大主题、7大原则、7大过程和4层组织。

（3）ICB

ICB（International Competence Baseline）是国际能力基准的英文缩写，是国际项目管理协会（IPMA）的代表作品，现在知识体系版本为ICB4.0。IPMP有4个认证级别，从高到低分别为A、B、C、D。

ICB强调项目经理人应该具备的知识和技能，最新版本主要内容包含4个阶段、7类资质，共计60项评价要素。

截止到 2020 年 1 月，PMP 认证在全球的认证人数比 PRINCE2 要低一些，可能和联合国把 PRINCE2 作为推荐标准有关，而 IPMP 认证的人数则远远少于前两者。但在中国，PMP 认证则是一家独大。中国持有 PMP 证书的人数超过了 30 万，而持有 PRINCE2 证书的人数不到 3 万，持有 IPMP 证书的人更少。因此，在中国谈到项目管理知识体系，更多人想到的是 PMBOK。

2. 三个体系对比

PMBOK 是基于项目管理应该做什么而构建的知识体系，更像一本百科全书。

PRINCE2 是基于实际环境中如何保障项目成功而构建的方法论。它的特点是明确在面对具体环境时应该遵循什么原则和方法，在特殊情况下应该采取什么措施。

ICB 是基于要做好一个项目，项目负责人应具备的基础知识、能力，重点是人的资质和能力。它的核心理念是项目负责人只有具备这样的能力，才能做好项目管理。三个项目管理体系主要对比如表 8-1 所示。

通过对比可以发现，PMBOK 的项目管理知识最全面，主要关注做哪些事；PRINCE2 更关注操作方法，主要关注怎么做，更强调实战；ICB 侧重对人的能力的评估。当然，每套体系都有自己系统化的内容，它们之间的区别远不止以上所提到的内容。如果要深入了解这三套体系，你需要花时间去学习和研究。考虑到 PMP 认证在中国的影响力远超其他两个认证，本书后续讲到的项目管理内容，大多是基于 PMBOK 的相关内容。

表 8-1 三个项目管理体系对比

	PMBOK	PRINCE2	ICB
认证	美国	英国、联合国等	欧洲
特点	项目管理知识层面，关注做哪些事	操作方法，关注怎么做	学院派，能力评估
体系结构	（一）项目及生命周期：项目定义，项目管理定义，项目生命周期定义 （二）五大过程组：启动、规划、执行、监控、收尾 （三）十大知识领域：整合、范围、时间、成本、质量、人力资源、沟通、采购、风险、干系人 （四）四十九个子过程（PMBOK，第六版）	（一）七大原则：持续的商业论证，依靠以前的经验，定义角色和责任，分阶段管理，例外管理，重点关注产品，更具项目环境裁剪 （二）七大主题：商业论证，组织，控制，风险，质量，变更，进展 （三）七大过程指导，阶段控制，阶段边界管理，产品交付管理，项目收尾 （四）根据项目裁剪 PRINCE2	（一）项目和项目管理 1. 项目管理知识体系 2. 项目开发的四个阶段：概念阶段、规划阶段、实施阶段和收尾阶段 3. 项目管理的方法与工具 （二）1CB4.0 能力基准

3.产品研发项目管理特点

（1）产品研发项目管理和 PMBOK 内容存在差异

项目管理体系最初不是为产品研发而生的。即使到今天，产品研发已经变得很复杂，其项目管理也只会用到 PMBOK 中的部分内容。更何况企业规模不同、产品类别不同，产品研发流程有很大的区别。因此，通过采用 PMBOK 中的全部内容来介绍产品研发项目管理，既没有必要，也不科学。

考虑到本书并不是专门介绍项目管理，但产品研发项目管理对于产品研发的成败又非常重要，因此本书第三篇介绍的产品研发项目管理侧重于研发项目管理实战，既基于 PMBOK 中的部分内容，又结合了笔者多年从事研发项目管理所积累的一些心得和经验。这样可以给读者带来更多实践方面的参考和借鉴。笔者曾在全球知名通信企业担任项目经理多年，负责过多个产品研发项目的管理。在这些项目中，大部分项目的研发团队规模接近百人，再加上其他领域的项目成员，项目成员总数超过百人。每个项目的投资额接近 1 亿人民币，属于非常庞大的研发项目。然而，即使在如此复杂的研发项目中，整个产品研发项目管理过程也不需要用到 PMBOK 中的所有知识。因此，企业要做好产品研发项目管理，需要考虑一些因素。首先，它需要使用项目管理知识，同时要结合产品研发的特点。此外，它还需要考虑实际情况，比如规模、业务特点以及人才等，如图 8-1 所示。

（2）产品研发项目管理侧重点

本书并未从 5 大过程组、10 大知识域和 49 个子过程的角度介绍产品研发项目管理内容，而是从产品研发涉及的重要方面进行阐述。例如，正如"好的开始是成功的一半"，产品开发项目的立项具有重要意义。从 PMBOK 的 5 大过程组内容来看，它属于启动过程组。项目启动后，如何高效地完成项目目标变得尤为重要。这涉及 10 大知识域中的项目管理，包括项目范围、项目进度、项目质量和项目成本的管理。项目风险的管理和控制对于项目的成败具有决定性作用。项目中，缺乏风险管控是最大的风险。当然，10 大知识域中还有其他内容不可或缺，考虑到本书的篇幅以及定位，对这些内容没有做介绍，需要了解这些内容的读者可以阅读其他相关书籍。

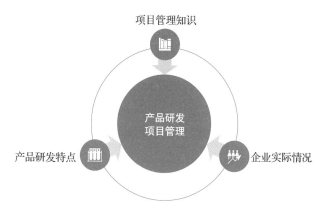

图 8-1　产品研发项目管理相关因素

除了 5 大过程组和 10 大知识域中的一些重点内容，本书还会介绍如何开好项目会议以及做好项目激励。根据笔者的研究和经验，即使是表现优秀的企业，项目会议的组织和管理仍有巨大改进空间。会议的组织和管理占据了项目管理团队，特别是项目经理和部分核心成员的大部分时间。因此，提高会议效率和效果对于项目管理至关重要。项目激励在企业整体激励体系中一直是一个有争议的话题。作为企业整体激励体系的一部分，项目激励直接影响到项目成员的收益以及项目经理的职责、权力和利益的分配。为此，本书将详细介绍相关内容，并提供笔者的观点和思考。以上内容将在第 9 章进行详细阐述。

8.3　本章小结

1）产品研发的特性符合项目的一些特性，如一次性、独特性、目标明确性、临时性等。产品研发流程是公司层面的流程体系，项目管理重点关注在具体项目的开发管理。项目管理作为企业产品研发流程的支撑，企业可以利用项目管理来提升产品研发的成功率。

2）全球主要有三大项目管理知识体系，分别是美国项目管理协会的 PMBOK 知识体系、英国商务部的 PRINCE2 知识体系和瑞典国际项目管理协会的 ICB 知识体系。在中国，美国项目管理协会的 PMP 认证影响力最大。

3）PMBOK 中的内容大而全。对于产品研发来说，行业、企业规模、业务不同，产品研发流程有很大的差异。因此项目管理也会有所侧重，不需要使用 PMBOK 中的所有内容。

☞ **实务经验**

项目管理是一项实践性极强的工作，仅有理论远远不够。通过各种项目管理认证考试，并不能保证可以做好项目管理，必须要在实践中练习，做到"知行合一"。

第9章 | CHAPTER

产品研发项目管理实务

经验可以总结，也值得借鉴。学习他人的经典实践，是一种提升项目管理水平非常有效的方法。

本章主要介绍产品研发项目管理的一些经验和实操技巧。这些经验和技巧涉及研发项目的立项、范围、进度、质量和成本的管理，项目风险管理，如何开展好的项目会议，以及如何有效地进行项目激励。

9.1 如何做好产品研发项目立项

我们常说："好的开始是成功的一半。"对于产品研发项目管理来说，这个开始就是立项。因此，无论怎样强调立项工作的重要性都不为过。然而，在我们所服务的客户中，尽管有些是大公司，但其研发项目的成功率仍然不高。这些项目常常出现"匆匆立项，草草收场"的情况。经过复盘分析，我们发现很多项目在立项阶段就注定了失败的命运。如果立项的流程和规范能够更加完善，那么有些项目的失败其实是可以避免的。

1. 什么时间立项

对于一个产品规划比较成熟的公司，大部分在规划路线图中的项目，启动立项的时间提前做好了规划。但是对于有些情况，比如定制化项目，或者因市场变化而调整的产品型项目，什么时候立项比较合适，则需要考虑很多因素。

4.2 节讲到项目立项后进入产品开发流程的概念阶段。项目立项和 V 模型之间的关系如图 9-1 所示。

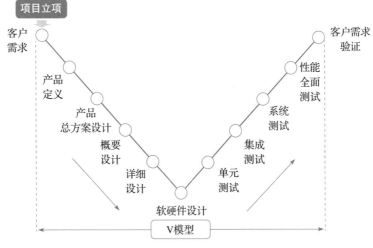

图 9-1　项目立项和 V 模型之间的关系

从逻辑上看，我们已经确定了项目的立项先后顺序。但是，关于何时立项，我们需要仔细考虑许多细节。如果过于仓促或过早地立项，很多关键问题，例如该项目在商业上的盈利能力、关键技术问题是否能够解决、关键物料是否能够采购到等尚未得到解决，这将给项目带来巨大的风险。然而，如果等所有潜在问题都得到解决后再立项，我们可能会错过商机。

那么，达到了什么样的状态立项比较好？这里引入两个概念，分别是信息的可靠性和信息的稳定性，关键词分别是可靠性和稳定性。一般来说，事实会比观点更可靠一些。同样，我们可以把稳定性分解为固定的和易变的。这样就出现 4 种组合：固定的事实、固定的观点、易变的事实和易变的观点。比如：当前的市场容量、公司的人力成本、产品技术的特点等，属于固定的事实。经过市场调研和分析形成的产品需求等，属于固定的观点，因为这未必客观，但是固定的。国家的产业政策、供应链的安全等，这些是事实，但是容易变化，属于易变的事实。未来的市场容量、竞争格局的变化等，属于易变的观点。它们之间的组合如图 9-2 所示。

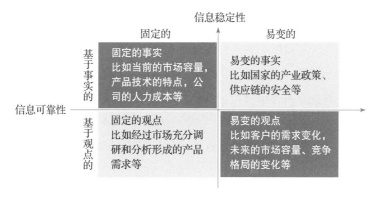

图 9-2 信息稳定性和信息可靠性的组合

在以上 4 种组合中，基于固定的事实最容易做决策，所以立项前的准备工作主要的目的是尽可能地把各种信息转变成固定的事实。但是，做再多的准备工作，也不可能把所有的信息变成固定的事实。究竟固定的事实占多少比例才可以立项，每个公司需要总结经验，给出一个经验数据。这样，每个项目在立项时都可参考。当然，这个数据也和产品所处的行业成熟度有关，如果行业还处在不够成熟的阶段，信息能够成为固定的事实就较少。因此，行业初期的产品开发成功率往往比较低。

2. 制定项目目标

项目立项过程中有很多输出物，项目任务书是其中最重要的输出物之一。项目任务书内容包括项目目的、项目目标、产品目标、里程碑和团队组成等。项目任务书目录模板如图 9-3 所示。其中，项目目标和产品目标概念是比较容易混淆的，这里做对比进行解释。

简单地说，项目目标就是实施项目所要达到的期望结果，即项目所能交付的成果或服务，一般包括项目的范围、进度、质量、成本以及财务等目标。产品目标是指实现某个产品或者服务的功能。产品目标一般来自市场需求或者客户需求，然后根据对于需求的理解，为产品定义功能。从这两个概念可以看出，项目目标是对企业内部组织负责的，产品目标是对外部客户或者市场负责的。比如，一个项目最后交付的时候，满足了所有产品目标，客户非常满意，但是在这个项目运行周期内，各种费用如人力费用、研发材料费用超标，就属于达成了产品目标而没有达到项目目标的情况。

项目任务书 目录

图 9-3 项目任务书目录模板

不同企业的项目目标可能会有所不同，但一般都会包括两类指标：一类是项目运行周期内的项目范围、进度、质量、成本以及预算等；另一类是产品上市之后的销售相关指标，如销售额、市场占有率，以及收益等。前者在项目结束时容易衡量和评价，后者需要很长的时间才能做出评价，而到那时项目已经结束并且项目团队也解散了。所以，很多企业一般在项目结束时只评价和考核第一类指标，而往往将第二类指标的评价和项目的收益奖金结合起来。但并不是所有企业都会设置这类奖金来奖励项目，所

以很多企业并不考核项目目标中有关产品的收益。项目激励将在
9.5 节介绍。

表 9-1 是笔者团队为某企业做的产品研发项目管理咨询中有
关项目目标的进度指标。

表 9-1　项目目标的进度指标示例

阶段	里程碑	达到日期	裁剪理由及影响分析
概念	产品需求和概念技术评审	2020.10.15	
	概念决策		裁剪、和计划合并
计划	系统方案技术评审	2020.11.30	
	计划决策	2020.12.15	和概念合并
开发	概要设计里程碑		软件项目敏捷开发，故裁剪
	实现里程碑	2021.4.30	内控
	成果鉴定技术评审	2021.6.30	
验证	早期销售决策		裁剪
	设计定型技术评审	2021.9.30	
	可获得性决策	2021.10.15	
发布	发布里程碑		裁剪
	生产定型技术评审	2021.10.30	
	GA 里程碑	2021.11.15	

3. 任命项目经理和组建团队

"兵无将而不动，蛇无头而不行"，项目经理对于项目的成败
起着至关重要的作用，这是毋庸置疑的，尤其对于组织成熟度不
高的企业来说，更是如此。

什么时候选择项目经理，如何选择项目经理？

项目经理的选择可以分几步走：首先是物色项目经理人选，
然后拟定项目经理人选，接着确定项目经理，最后任命项目经理。

第一步：物色项目经理人选。 这一步在项目启动前的准备工作中进行。一般来说，企业可以使用"项目经理能力胜任表"来评价潜在的候选人。候选人最好有两名甚至三名，便于从中择优，而且最好是从前期参与这个项目中的人中选择，因为前期如果没有参与项目，后续参与进来并担任项目经理的话，对于客户需求以及各种背景的了解可能会存在一定的脱节，给项目带来一定的风险。因此，组织在计划设立某个项目时，最好安排项目经理候选人提前参与到这个项目。

第二步：拟定项目经理人选。 从初步物色的项目经理人选中，选出几个相对有优势的人选上报给主管部门（比如 PMO 或者项目管理委员会）进行评审和裁定。主管部门在评审后需要和候选人进行谈话，了解候选人的意愿。只有候选人主观上愿意管理这个项目，后续工作才可能会更加顺利。

第三步：确定项目经理人选。 如果有多个候选人，那么主管部门需要从中择优，选择一名最合适的人员来担任项目经理。主管部门需要有一套选择项目经理的流程、制度。因为项目经理对于项目的成败太重要了，因此选择项目经理的流程、制度也是需要精心设计的。在这一步的最后，项目经理已经确定了下来。真正成为法定意义上的项目经理还要等到项目启动会的正式任命。在很多企业的项目启动会上，除了正式宣布和任命项目经理之外，还会有项目经理带领这个项目的核心团队亮相仪式。因此，实际上，在项目经理还没有正式任命但已经确定下来之后，项目经理就可以开始组建团队，尤其是确定各个领域的核心成员，比如研发代表、市场代表、质量代表、采购代表等，甚至初步确定了项目所有团队成员。

第四步：正式任命项目经理。项目启动会上有一个重要环节，就是正式任命项目经理。至此，项目经理可以按照项目章程中的相关内容正式行使相应的职权，并承担相应的责任。

4. 召开启动会

召开项目启动会标志着项目正式开始，因此开好项目启动会也非常重要。项目启动会是一个动员大会，主要有几项工作，包括宣读项目管理部门对项目团队的任命文件、确定项目核心团队、明确项目管理要求和项目整体情况等。项目会议要尽可能简短、高效，但仪式要重视。会议旨在让参会者了解与掌握项目相关情况，重视和支持项目。一个好的项目启动会是项目成功的开始。

除了会议内容，项目相关方如项目管理部的领导、项目成员所在职能部门的领导等重要人员到场出席会议也非常重要。他们参会表示对项目的支持。

5. 用好组织过程资产

组织过程资产是一个企业的知识宝库，包括企业的管理体系文件、组织知识库。

管理体系文件包括但不限于产品的研发流程规范、项目管理规范、保密管理规范、各种企业标准等。管理体系文件是要求项目在运行过程中遵守的各种标准和规范。

组织知识库包括但不限于以往同类项目信息、行业竞品分析数据、项目应规避问题清单、企业经验教训库等。这些过程资产会不断变化，比如企业经验和教训的更新和增加，对新项目有很好的参考价值。借用前人的经验，不要在前人跌倒的地方重复摔跤，这对于提升企业的项目管理能力和组织能力都很有价值。因此，针对每个项目，很有必要审查和获取最新的过程资产，对这些过程资产有针对性地进行学习和借鉴。

9.2　如何管理项目范围、进度、质量和成本

项目范围、进度、质量和成本是 PMBOK 中 10 大知识域中的其中 4 个，笔者将其称为 S-TQC 模型。其中，S 表示范围（Scope），T 表示进度（Time），Q 表示质量（Quality），C 表示成本（Cost），如图 9-4 所示。

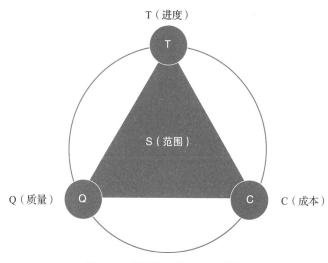

图 9-4　项目管理的 S-TQC 模型

这四个维度是项目管理中非常重要的内容，也是项目目标的主要内容。这四个目标达成了，意味着项目目标也基本达成了。

1. 如何做好项目范围管理

项目范围在立项时会初步确定下来，包括但不限于项目的目标、可交付的成果、工作范围和项目边界等。项目范围管理包括项目范围的定义、规划、创建、控制、变更以及相关的工具应用等。项目范围管理在项目管理中涵盖面比较广。但是在项目范围管理众多工作中，最终可能影响项目目标达成的因素其实不多。在这些因素中，影响最大的是需求变更导致项目范围变更。其余大部分变更属于项目范围管理的常规工作，有经验的项目经理不难应对。

做好项目范围管理需要做好如下两件事情，分别是做好需求变更管理和项目范围变更管理。

（1）做好需求变更管理

项目范围可以从符合对内和对外两个方面的需求进行分解。对内主要是符合公司项目管理的规范和要求，比如项目交付物的内容和模板要求、项目的边界要求等，相对比较容易达到。对外主要是产品满足客户或者市场需求。虽然在立项时，有详细的市场需求说明书，且项目的需求也很明确，但实际上市场需求和客户需求是动态变化的。需求变化是非常正常的事情。如果项目启动后需求发生变化，接受的话，可能导致项目需要增加资源或延迟交付；不接受的话，可能影响客户的满意度或使产品落后于竞品。面对这种情况，我们应该如何有效应对？

既然需求变更对于很多项目来说是不可避免的事情，那么做好需求变更管理就显得非常重要。下面有一些方法可供参考。

1）设定合适的需求冻结时间点。

需求冻结是指正常情况下不再接受需求的变更。在需求冻结点之后再出现需求变更，需要走正式且比较复杂的流程，目的是降低需求变更的随意性。

虽然立项时的需求说明书表明了项目交付的范围，但项目立项的时间点并不适合作为需求冻结点，因为立项之后会有概念、计划阶段，参见图 9-1。这两个阶段有时候会持续长达 1 个月甚至更长的时间。在这么长的时间内，市场或者客户需求发生变化是很正常的事情。而概念阶段和计划阶段的主要工作是确定产品的定义和方案，以及更新项目的计划。在此期间，如果有需求变化导致工作量发生较大的变化，那么在计划阶段更新计划即可。但是到了开发阶段，工作已经到了详细设计环节（包括设计原理图、软件或者结构图等），如果此时需求变更，将导致工作出现返工，对项目的进度将产生很大的影响。因此，项目需求冻结点设置在计划阶段结束时比较合适，因为计划阶段的重要任务就是对立项时的里程碑计划进行细化，同时如果有重大需求变更导致里程碑发生变化，在计划阶段一并调整。所以，从实务经验的角度出发，在需求冻结时间点确定项目范围比较科学。

2）建立需求变更流程和组织。

需求变更是一件非常常见但对项目管理产生影响，有时甚至是重大影响的事情。企业应该从公司层面建立需求变更流程，各个项目只要执行这个流程即可。需求变更流程至少要包括发起变更、填写需求变更单、发起需求变更决策会议、会议决策、接受需求变更或者拒绝以及反馈给上级决策几个环节。与需求变更流程配套，需要有相应的组织。一般，需求变更发起人为项目需求接口人。项目所有需求都需要经过项目需求接口人。当项目需求接口人发起需求变更请求后，变更请求传递到一个叫变更控制委员会（Change Control Board，CCB）的决策团队，由 CCB 决策是接受变更还是拒绝变更，或者是上报到上级（项目投资方）决策。CCB 是项目中非常重要的一个虚拟团队，一般由项目经理、需求负责人、系统工程师（专家）等人组成。CCB 需要评估需求变更对项目资源、进度及潜在风险的影响。当 CCB 认为需求变更在可控范围内时，它可以决定接受该变更。如果 CCB 认为需求变更的影响较大，例如接受变更可能导致项目预算增加或交付时间延迟，而拒绝变更可能导致客户满意度大幅下降，此时CCB 可以将问题上报给上级管理层，由他们来决定是否接受变更。常见的需求变更流程如图 9-5 所示。

3）和客户明确需求变更规则。

项目需求变更很大一部分原因来自客户。对于项目来说，要把握一个原则，就是项目额外投入和客户满意度之间的平衡。虽然很多企业都奉行"客户至上"的原则，客户的需求变更在很多时候企业都会无条件接受，但也要看客户需求的变更时机和给项目带来的投入增加情况。事实上，企业比较好的做法是和客户约定需求变更规则，这样能比较好地兼顾客户的满意度以及项目的投入。事实上，有些行业比如汽车零部件行业，一般会约定在什么时间点以前，客户的需求变更不用额外付费，但是超过某个时间点如需求冻结点再提出需求变更，则需要客户额外支付变更费。

（2）做好项目范围变更管理

有时，需求变更会带来项目范围的变更。由于项目资源本身有一定的弹性，项目范围的变更如果不是太大，以现有项目资源可以解决的话，项目目标可以不用调整。这种情况下的项目范围变更比较容易应对。但是，如果需求变更比较大而影响到项目目标的话，这对于项目管理会是一个比较大的挑战。

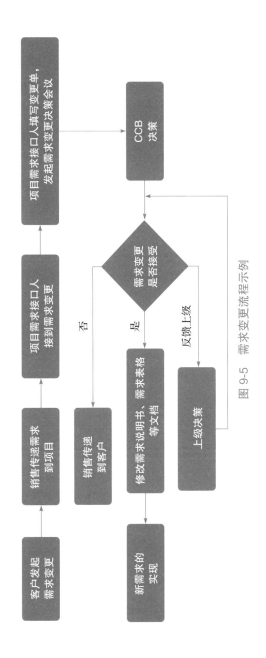

图 9-5　需求变更流程示例

195

在一个企业，某个项目投入的资源（包括人、财、物）都会有预算，交付的时间也是提前规划好的，一旦项目范围变更导致项目目标需要调整，项目经理要做好干系人的沟通和管理，因为需要得到相关干系人的大力支持。

这些干系人包含企业内部和外部干系人。内部干系人包括但不限于项目的投资方、PMO成员、项目管理人员和成员、项目成员所在的职能部门领导等，外部干系人包括客户和用户等。

如果项目目标调整，涉及费用增加和交期推迟，企业需要和外部干系人达成共识。涉及项目范围、进度、质量、成本等目标的变化，都需要和内部干系人沟通，以取得共识并得到他们的支持。只有这样，项目在目标变更后才有可能顺利进行。当然，和不同内部干系人沟通的方法和侧重点有所不同，因为众多内部干系人关注的点不一样。例如，项目成员所在的职能部门负责人可能更关注项目目标的调整对自己部门的资源有什么影响，自己部门的资源要延迟多久才能释放，甚至是否需要本部门补充人力资源等，而对产品成本的变化以及产品质量的调整可能不大关注，但这恰恰是项目投资方非常关注的。

在项目变更了目标，并且新的项目目标仍能得到众多干系人的支持，这是项目继续进行并获得成功的重要保证。这种情况下的项目范围变更管理是成功的。而在整个过程中，和项目干系人的沟通技巧非常重要，这考验项目经理的领导力和管理能力。项目经理的能力要求将在第10章进行详细介绍。

2. 如何做好项目进度管理

项目的交付时间是项目目标的关键。不同产品对交付时间的紧迫性有所不同。例如，大多数消费品尤其是快消品，对交付时间极其敏感。如果产品稍微延迟上市，可能就错过了最佳的时间窗口，由畅销品变为滞销品。而有些工业品的交付可能对时间没有那么敏感，但交付速度的快慢也会影响客户的满意度。因此，做好项目进度管理是确保项目按时交付的关键。

影响项目进度的因素非常多，包括前文提到的项目范围变更。除此之外，项目质量、项目成本、项目计划管理、风险、方案和设计等，都是影响项目进度的因素，如图 9-6 所示。

图 9-6　影响项目进度的因素

项目范围变更对项目进度的影响是明显的。在产品研发过程中，产品质量不达标，需要进行多次修改和验证，这也会影响项目的进度。特别是成本超出预算时，为了降低成本，企业可能需要调整项目方案和设计，从而进一步影响项目进度。关于项目的质量管理、成本管理和风险管理，我们将在后续章节详细介绍。下面将重点介绍如何通过有效的项目计划管理和避免返工来确保项目进度目标的达成。

（1）项目计划管理

项目计划管理包括计划的制订和监控。在项目启动时，项目任务书中规定了项目的交付时间和关键交付节点，但并未提供具体的计划。为什么在立项时无法提供具体的计划？这与项目管理和产品研发流程的关系有关。进入概念阶段，主要工作为产品定义和制定项目方案。由于实现细节尚未确定，研发团队很难制订具体的时间计划。此外，各团队之间的计划相互关联，如果研发团队无法制订具体的时间计划，相应的采购、生产等团队也无法提供具体的时间计划，因为它们之间存在相互依赖关系。在产品研发流程中，当项目进入计划阶段时，项目的方案已经形成。在这个阶段，团队可以比较准确地制定出概要设计和研发的具体时间计划。此外，除了研发团队，其他各个团队也可以在这个阶段给出具体的时间计划。这就是将这个阶段称为"计划阶段"的原因。

1）计划的制定。

在计划阶段，制订项目具体的时间计划也很讲究技巧。

首先，制订计划的方法可以分为 3 种，分别是自上而下的WBS、自下而上法以及类比法。

WBS 方法的优点是自上而下，从任务目标逐级分解，直到最小单元的计划，逻辑性和完整性都很强。缺点是由于是自上而下进行的分解，有些地方不可避免地会带有一定的强制性，因此到了执行层面它的匹配性会差一些。因此在进行任务分解的时候，上下级要多进行沟通、商讨，最大限度地达成共识。这样在后续执行计划的时候会更加顺利。

自下而上法由于是从底层开始把任务计划报上去，然后逐级汇总。它的优点是容易得到执行层的理解，缺点是可能会有遗漏的任务和总的计划超期现象。因此，项目经理及各团队负责人对于团队计划和项目计划不能仅限于简单的汇总，需要全面考虑。

类比法就是参照以前成功完成的类似项目计划。它的优点是快捷高效，但需要有可参考的类似项目。事实上，一些在原有基础上改进的项目，就可以采用类比法来制订计划。

其次，计划制订要符合 SMART 原则。SMART 原则在 4.6 节中有说明。

以上介绍了计划制订的方法和原则。无论采用哪种方法制订项目计划，都会涉及项目层计划、团队（如研发、采购等）计划甚至到个人的具体计划，在这个过程中应该由项目经理来主导完成。在制订计划时，要充分沟通，不能一言堂，也不能完全由项目成员给计划；要尽可能暴露问题并预测风险，同时给计划预留一定的缓冲时间等，这些都有利于后续项目计划的顺利执行。

2）**计划的监控**。

项目计划制订好后，在整个项目运行过程中需要做好计划的监控。项目计划监控的频度是每天、每周还是每月，取决于场景和监控的对象。

通常，当项目计划接近关键里程碑并开始倒计时时，以天为单位的监控频度是较为合适的。在常规项目执行过程中，项目管理员可以根据需要按天进行项目计划的监控。项目经理可以按周监控。对于周期长且短期内变化不大的项目，或者 PMO 对项目监控，按月监控是更为合适的。具体的项目监控频度可以参考图 9-7。

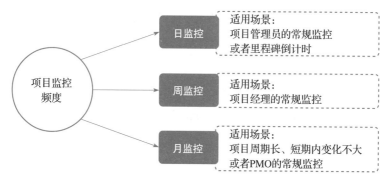

图 9-7　项目监控频度

　　项目计划监控除了考虑监控频度，还需要分层级进行监控。首先要把任务分层级，具体可分为任务节点、关键任务、工作包和具体活动。各团队负责人重点监控工作包和具体活动，比如研发团队负责人重点监控研发工作包的进展以及具体的研发活动，采购团队负责人重点监控采购工作包和采购活动。各团队负责人把监控的结果向项目经理汇报，项目经理则重点监控任务节点和关键任务。项目进度监控分工参见图 9-8。

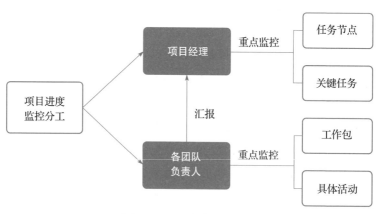

图 9-8　项目进度监控分工

（2）避免返工

项目中出现任务返工是导致项目进度失控的最大风险之一。根据笔者多年对一些公司的观察，初创型企业的项目和成熟型企业新型业务项目经常会出现返工现象。返工的原因主要包括缺乏优秀的人才、缺少合适的研发管理流程（也包括项目管理流程）、对业务不熟悉等。对于初创型企业来说，项目返工的主要原因是人员能力和经验不够，同时缺少必要的研发流程。对于成熟型企业来说，常规项目的返工已经比较少见，但新型业务项目也会出现返工现象，根本原因是没有足够的参考和借鉴，整个行业都在摸索过程中。

项目管理过程中，首先要采用遵守规范、加强管理以及提升项目成员能力等方法避免返工，这是做好项目进度管理的主要途径。如果在项目中遇上了需要返工的情况，项目团队要有特殊的应对举措，比如额外增加工作时间、临时协调外部资源的支持，或者得到项目管理部的支持而临时获得更多资源等。返工导致阶段性延误但通过追赶在最后赶上进度，也是项目管理成功的一种表现，但这非常考验项目经理的能力。

3. 如何做好项目质量管理

项目质量管理的首要目标是要实现产品质量目标。产品质量的重要性不言而喻，问题是同样在保证了产品质量的前提下，不同的项目质量管理水平可能会带来完全不同的质量控制成本。例如在设计阶段就消除缺陷比在测试阶段发现缺陷并消除缺陷的成本要低。而在产品交付后暴露的缺陷所带来的成本，会远远高于在公司内部发现并消除缺陷所需的成本。因此项目质量管理的目标不仅是达成产品质量目标，还要尽可能地使达成产品质量目标的成本低。这个成本可以是时间成本，也可以是费用成本等。

企业的质量管理体系是企业宏观层面的质量管理，包括质量管理活动、体系文件、组织保证，以及 IT 系统支持，如图 9-9 所示。

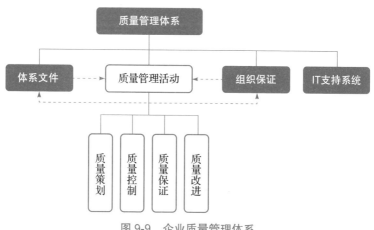

图 9-9　企业质量管理体系

例如，有些企业已经获得了 ISO9001 认证，而汽车企业则需要获得 IATF16949 认证，ISO9001 和 IATF16949 都是质量管理体系标准，它们属于企业宏观层面的项目质量管理标准。本节主要侧重微观层面的项目质量管理，重点介绍在项目质量管理过程中有哪些重要的质量管理活动以及哪些措施可以有效地提升产品的质量。

质量管理体系中的质量管理活动包括质量策划、质量控制、质量保证和质量改进几个步骤，如图 9-10 所示。

图 9-10　质量管理体系中的质量管理活动

（1）质量策划

项目在立项的时候就需要进行质量策划。质量策划主要包括制定项目的质量策略、项目的质量目标、质量管理计划、质量管理需要的资源、质量管理工作如何开展等内容。

项目的质量管理策略是项目质量管理的总工作方针，比如它需要确定项目质量管理的模式是集中式还是分段式。所谓的"集中式质量管理"，就是整个项目端到端的质量都由某个角色负责，例如从立项开始一直到批量生产的质量管理，都由固定的角色负责。分段式质量管理是在项目的整个过程中分环节进行质量管理，比如研发过程中的项目质量和生产过程中的项目质量由不同的角色进行管理。不同的质量管理模式会影响质量管理的组织构成。

如前文所述，项目的质量目标的最低要求是确保产品达成质量目标。但项目的质量目标和产品的质量目标既有相同点，也有差异点。

首先，项目质量目标的部分内容是从产品质量目标中提取出来的。例如，某产品的质量目标之一是要经受住强度为 10kA 的雷击，那么项目的目标是，在可靠性测试中，雷击承受强度不能低于 10kA。产品质量目标可以附加在项目质量目标上，或者作为项目质量目标的引用要求被实现。

其次，项目质量目标不仅包括产品质量目标，还包括产品研发过程质量目标。例如，评审文档中每页的缺陷数、走查的代码中每千行的故障数、每个里程碑遗留的故障数等要求，都是过程质量指标。为什么项目质量目标还需要过程质量指标来衡量？这是因为产品开发过程对结果有重大的影响。一般来说，过程良好的产品，质量结果不一定好；但是，如果过程不好，产品质量好的可能性也不大。也就是说，在项目开发过程中，对过程质量的要求严格，最终产品质量好的可能性就更大。然而，如果对过程质量的要求过于严格，可能会增加项目的开发周期。因此，项目在制定过程质量目标时，需要有一个合理的指标，而这个指标是长期经验积累的结果。

（2）质量控制

质量控制是通过特定的方法和手段来确保产品质量的过程。研发人员在进行产品设计时，除了运用自身的能力和经验外，还可以借鉴以往项目的经验，以提高设计质量。充分利用同行评审，可以综合其他人的经验和能力，进一步保障项目的质量，例如 DFX 的设计和评审等。除了设计阶段，测试和验证也是产品开发流程中用于保障项目质量的重要环节。正如前文所述，越早发现产品的缺陷，消除缺陷的成本就越低。因此，在产品开发流程中，最好在设计阶段就避免缺陷；其次，在同行评审中及时发现并修复缺陷，此时的成本也相对较低。在质量控制方面，"好产品是设计出来的"这一理念优于"好产品是测试出来的"。

（3）质量保证

质量保证不仅包括建立质量管理体系，还涵盖了项目管理过程的审计和各种交付件的审计等。这样可以保证项目管理的过程和交付物符合企业的相关规范和标准。另外，质量保证还涉及组织和角色，例如职能部门质量部、决策团队中负责质量的成员，以及项目成员中的质量管理员等。

企业的质量管理体系、各种质量标准和规范通常由质量部负责制定并监控实施情况。决策团队中的质量领域负责人主要负责识别项目的质量风险，并与团队成员共同参与项目的决策。这个角色有时可能由研发负责人兼任，但质量风险始终是项目决策的重点考虑因素。在这些组织和角色中，对项目质量起到直接作用的是项目质量管理员，在某些公司也被称为项目质量保证（Quality Assurance，QA）人员。这个角色通常来自质量部，负责确保项目的质量。尽管项目经理是项目成功与否的第一责任人，但他们可以将权力和责任分配给各个领域的负责人，例如项目研发工作可以分解到研发领域负责人，质量管控工作可以分解到 QA 人员。

事实上，项目任务书中的质量目标在很多公司是由项目 QA 人员协助项目经理制定的。在质量管理专业性方面，QA 人员需要更加专业地执行。除了协助项目经理制定质量目标，后续项目过程中的质量数据监控、质量活动开展以及各个里程碑质量指标的达成审核等工作，都是由项目 QA 人员负责完成。因此，QA 角色对于项目的质量保证起到至关重要的作用。项目中的 QA 对应 7.1 节 PDT 中的质量成员。

（4）质量改进

质量改进是质量管理的一部分，致力于提升项目质量。质量改进是一件长期的事情，一般起因于对于产品的质量表现不满意，而且主要是公司或者事业部层面关注的事情。2008 年，笔者所在大型通信企业的某个事业部开展了一场为期三年的质量专项改进活动，起因就是领导对当时事业部各个产品的质量表现不满意。例如在质量改进之前，产品发货后半年内的早期返还指数（Early Return Index，ERI）在千分之三以上，经过质量专项改进活动后，产品的 ERI 达到千分之一，质量改进活动取得了重大成果。

质量改进常用的一些工具包括因果图（也被称为"鱼骨图"）、排列图（也被称为"柏拉图"）、直方图等。这些工具有利于帮助找到引起质量问题的各种原因，并对各种原因进行分类，针对原因进行专门的改进。质量改进活动一般遵循 PDCA 循环过程。4.5 节介绍了如何利用 PDCA 循环做好复盘。实际上，PDCA 循环是一个非常优秀的工具，也被广泛应用于质量改进中。

在项目层面进行质量改进时，首先项目经理需要对项目进行质量风险管理，识别和评估项目质量风险。针对质量问题高发的领域，团队需要制定相应的预防措施。例如，如果项目中某个领域的新员工较多，除了安排适合他们的工作外，这些新员工负责的工作需要在同行评审中得到重点关注。通过采用适当的质量管理工具和技术，如质量检测设备、统计分析方法和流程图等，对项目进行质量控制和改进，可以提高产品的质量。

另外，项目 QA 人员为项目成员提供必要的质量培训，以提升他们对质量的认知和技能水平。同时，鼓励在项目组内进行知识分享和经验总结，这也是提升产品质量的有效举措。此外，在项目团队管理方面，加强团队合作和沟通，建立良好的团队合作和沟通机制，以确保项目成员之间的信息交流和协作顺畅，减少沟通冲突。这些项目质量管理方面的举措对于改进项目质量都有一定的效果。

4. 如何做好项目成本管理

项目成本目标也是项目任务书中的重要内容。项目成本可以分为两类。一类是项目费用，包括人力费用、研发材料费用、固定资产费用、差旅费用以及中试和生产用到的工装、模具、检具、夹具费用以及其他费用。项目费用的特点是一次性。还有一类是产品成本，主要包括产品的 BOM 成本和制造成本，该成本和产品生产、销售的数量有关，决定了产品的竞争力。项目费用最后需要分摊到产品的成本中。项目成本构成如图 9-11 所示。

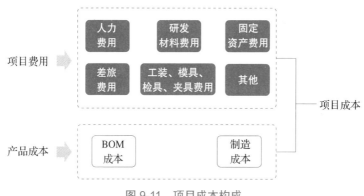

图 9-11　项目成本构成

项目管理中的成本管理，就是如何做好这两类成本的管理。成本管理的主要责任人为项目经理。在实际的项目成本管理中，如何合理分摊项目的人员工资和管理费用是一项相对复杂的任务。因为对于大多数项目来说，项目成员往往不会只参与一个项目。有些成员可能同时承担多个项目。对于这些同时参与多个项目的成员，准确统计他们的工作时间并据此计算人员工资是非常具有挑战性的。此外，即使我们尝试去统计这些成员的工作时间，这也会增加管理成本。因此，很多标杆公司的做法是只准确统计整个产品线多个项目的人力工时，具体到某个项目的工时管理，项目经理不用太过于关注。同样，对于项目分摊的管理成本，项目经理也不用考虑。这种不考虑人力成本和管理成本的项目成本管理法被称为"小项目的成本管理法"。那么，项目经理如何使用小项目成本管理法做好项目的成本管理？

（1）项目成本预算制定

在立项时，项目组需要对项目的各种成本进行预估并做出预算。如果是比较成熟的产品且有借鉴的项目，那么项目成本的估算方法可以采用自上而下法，即根据两个项目的差异和之前项目的真实成本支出，估算出这个项目总体的预算，然后再根据子项进行分解，这样效率会比较高。如果是全新的项目，或者没有可参考的项目，我们可以采用自下而上的方法来估算子项成本，从而汇总形成项目的总预算。这种方法具有很强的依据性，它要求工作分解比较详细和准确。另外，通常这种方法也容易导致预算超标，因为每个子项在给出预算时都会适当地增加一些预算。

虽然立项时制定了项目成本的预算，但这并不意味着不可以调整项目费用，最终还是以实际需要用到的项目费用为准。因此，项目经理一方面需要做好费用预算，让预算尽可能准确，但更重要的是要做好项目费用、产品成本的控制。

（2）如何控制项目费用

小项目成本管理法虽然没有考虑人力成本，但对于大多数产品研发项目来说，人力成本占了项目费用的大部分，有时甚至是绝大部分。笔者曾经作为项目经理管理过几个项目，人力成本占整个项目预算费用超过80%。因此，即使企业没有用人力成本来考核项目的支出，项目经理仍然需要提升项目人员的效率，以降低项目的成本。

在研发材料费用管理中，根据笔者做过的一些企业的研发管理咨询来看，很多企业存在材料浪费严重现象。深究其中的原因，主要有两点没有做好，一是在立项时预算没有做好。很多项目研发材料的需求都是各个子项负责人报上来，项目经理只是做简单的汇总，并没有和各子项负责人详细分析可能需要的材料数量，而各子项负责人因为担心材料不够而影响到试验、测试的进度，往往按最大的需求来申报预算，有时甚至会额外申报。事实上，各个子项之间的材料在很多时候可以共享，但各个子项负责人并不会考虑这些问题，因此需要项目经理从整个项目层面统筹考虑。笔者曾负责多个大型项目，通常在评估研发材料费用预算时，各子项负责人会先上报研发材料费用，然后，项目经理会召集各子项负责人开会，认真讨论各子项所需的材料。通过核对各子项的计划，并根据材料共享最大化原则，通常能在各子项申报预算的基础上减少约30%的预算。在项目运行过程中，如果发现材料浪费现象，但未进行复盘和深究原因，将导致研发材料浪费现象在一个又一个项目上重复上演。

工装、模具、检具、夹具费用控制主要考虑设计复用原则。如果有系列项目，在设计工装、模具、检具、夹具时，要充分考虑本项目用完之后，是否可以做很小的改动甚至不做改动就可以给后面的项目复用。而固定资产费用控制主要考虑多项目公用，平摊后降低单个项目的固定资产费用。比如仪器仪表，在满足测试功能的前提下，尽可能采购具有通用功能的设备。而差旅费用控制相对比较容易，只要项目经理管控不必要的差旅即可。项目费用管理举措如图 9-12 所示。

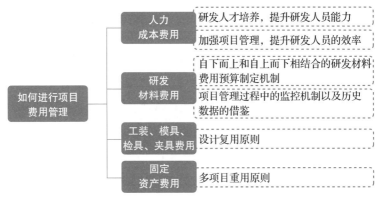

图 9-12　项目费用管理举措

此外，项目费用要专款专用，不同类别的项目费用相互挪用容易掩盖费用预算偏差过大的问题，使费用预算改进失去了方向，也失去了改进的动力。

最后，在整个项目运行中，我们需要定期核算各项费用的支出，一方面可以及时发现支出异常情况，从而进行纠正，达成成本控制的目标；另一方面可以和预算进行对比，找出其中的偏差，为后续不断完善项目的预算提供改进依据。

（3）如何控制产品成本

如前文所述，产品成本可分为 BOM 成本和制造成本。要控制好这两个成本，首先需要了解影响产品成本的因素，针对这些因素采取相应的举措。影响产品成本的因素如图 9-13 所示。

图 9-13 影响产品成本的因素

1）BOM 成本的控制。一个产品的 BOM 目标成本是通过产品目标成本分解出来的，而产品的目标成本一般是通过市场竞争和公司的利润模型倒推出来的。总之，一旦项目的 BOM 目标成本确定，项目经理就要通过各种管理方法达成这个目标。

BOM 成本主要受到采购和设计工作的影响。采购部门会根据设计部门提供的材料清单，寻找性价比高的供应商进行材料采购。相较于采购，设计对 BOM 成本的影响更为显著。如前所述，产品的质量是由设计决定的，同样，产品的 BOM 成本也是由设计决定的。

如果能使用更少的材料实现相同的功能，那么产品的 BOM 成本将得到降低。在选择器件时，如果无法减少材料，应优先考虑通用件。一个部件能够成为企业的通用件，意味着其采购成本相对较低。因此，无论公司还是项目层面，都需要对产品设计中使用通用件的比例设定明确的要求。例如，通用件的使用比例必须达到一定的标准，未达标时需要进行特别说明。这样既可以指导设计人员的工作方向，又可以防止因过度追求个性化而导致BOM成本上升和潜在的质量问题。

2）**制造成本的控制**。制造成本一般包括直接人工成本和制造费用等。在研发项目中，对产品制造成本影响比较大的因素主要有制造的复杂度和工艺的复杂度。制造复杂度会影响产线的成本以及制造人员的工作效率，工艺复杂度也类似。例如，同样的产品由于不同的工艺设计，装配工序多的一般效率会比装配工序少的效率低，进而生产成本会更高。

产品的制造复杂度和工艺复杂度首先由产品的特性决定。对于同种产品，设计决定了制造和工艺的复杂度。4.4节介绍的DFM和DFA就是在设计阶段考虑了后续的制造和工艺情况。

项目的成本管理责任人也是项目经理，但成本管理涉及一些财务专业知识。因此，项目团队中需要有熟悉财务的角色来协助项目经理做好成本管理，即7.1节PDT中的财务成员。此外，财务成员一般来自公司财务部门。例如，整个项目管理过程中的各项费用核算以及最后的决算都由财务成员负责。同时，财务成员也协助项目经理完成项目成本预算的制定。

9.3 如何管理项目风险

"事情如果有变坏的可能，不管这种可能性有多小，它总会发生"，这就是著名的墨菲定律。这句话放到项目风险管理中，就是哪怕项目的某个风险看起来很小，如果没有对它做好有效管控，它可能会变成现实形成问题。

风险是可能产生的问题或者机会，是未来式。而问题是已经发生的，是现在式。管理风险的目的是不要让风险成为问题，是让风险降低影响甚至消失。

风险管理在很多项目中没有受到足够的重视，导致风险发展成问题。风险管理没有做好，可能给项目的进度、质量、成本或者范围等带来问题，最终体现在某个具体的问题上，例如进度延误或者质量不达标等，使项目管理者忽略本质上是风险管理没有做好而导致的，这更加掩盖了项目风险管理的重要性。

事实上，项目风险管理是一项很复杂的工作。风险管理的链条比较长，哪个环节出错了或者做得不够好，都可能导致风险转变成问题。例如，有些风险隐藏得很深，没有足够的经验很难识别出来，这样容易导致忽略掉一些风险，从而引发问题。再比如，项目团队识别出很多风险，但是对风险的等级判断不清楚，从而导致对所有风险同等对待，要么使应对风险消耗过多的资源，要么对重大的风险应对不足进而产生严重的问题等。

那么，如何才能做好项目风险管理？本节从识别风险、评估风险和管控风险3个方面介绍如何做好项目风险管理。

1. 识别风险

识别风险是风险管理的第一步。风险的识别可以分为宏观层面和微观层面的识别。宏观层面的风险识别主要关注政治、法律、行业规范等方面的风险，一般由企业的战略部门或者市场部门负责。宏观层面的风险可以作为项目层面风险管理的参考和引用。对于项目来说，微观层面的风险识别才是重点。

　　除了需要识别技术、供应链、生产等方面的风险，微观层面的风险识别还需要识别资源、方法、管理等方面的风险。识别这么多方面的风险，既需要经验、能力，也需要组织分工和一些方法论。

　　项目经理作为风险管理的主要责任人，无法识别所有领域的风险。因此，风险识别需要进行分工。例如，项目经理除了承担总体责任外，还需要识别资源、方法、管理等方面的风险。技术、供应链、生产等方面的风险识别可以分配给各个领域的负责人，由他们负责识别对应领域的风险。当然，项目经理还需要组织团队来共同发现一些风险，因为有些风险可能是跨领域或者相互关联的。

　　除了组织分工，风险识别还需要一些科学的方法，这其中包括使用一些工具。这些方法包括但不限于专家判断、头脑风暴、风险检查清单、访谈、根本原因分析、假设条件、制约因素以及评审经验教训等。不同的行业和产品可能适用不同的方法和工具。因此，项目经理在组织团队识别风险时，需要选择适合本项目实际情况的方法和工具。在以上这些方法中，专家判断、头脑风暴、风险检查单以及评审经验教训等方法，比较具有普适性而且容易实操。

　　以风险检查单为例，表 9-2 所示为某通信产品的项目风险检查单中的部分内容。

表 9-2　项目风险检查单示例

序号	分类	检查内容	状态情况
1	工作环境	工作环境温度：−40℃～55℃	无风险
2		低温启动温度：−25℃	有风险
3	成本	产品总成本不超过 1000 元	有风险
4	……	……	

　　风险检查单方法简单、直观清晰，也很实用，因此很多项目使用它进行风险识别。但是，这种方法有赖于对项目有充分的经验，需要专业人士制定出检查单，所以有一定的门槛要求，而且常用于成熟产品、有经验可以借鉴的项目。事实上，这种方法需要和专家判断、评审经验教训法相结合。

　　对于新项目，除了需要对风险进行分类之外，在方法上还可以增加头脑风暴法、假设条件和制约因素相结合的方法等，如制约因素在项目范围说明中已经列出，我们需要分析这些制约因素中的哪些可能导致项目风险等。

2. 评估风险

　　当识别出项目风险后，我们需要评估这些风险的等级，以便采取不同的应对措施。项目的风险等级由风险发生概率和影响程度两个因素共同决定。

　　风险发生概率和影响程度都可以用"低、中、高"3个区间来描述，当然也可以区分得更细。虽然区间越多越精准，但会大大增加风险管理的复杂度，也可能导致理论上看起来很精准但事实上形成偏差等问题发生。因此对于大部分项目，风险发生概率和影响程度用"低、中、高"3个区间来表示足够。

　　但是，如何对"低、中、高"3个区间进行量化？每个企业可以根据自己项目的特点进行定义。例如对于风险发生概率，把概率发生在1%～33%之间的定义为低风险，概率发生在34%～66%之间的定义为中风险，把概率发生在67%～99%之间的定义为高风险。对于影响程度，我们也可以用"低、中、高"3个等级来划分。例如，将对进度或成本的偏差在5%以下，并且不影响项目质量的情况定义为低程度影响。同样，风险影响的中程度、高程度也可以采用类似的方法定义。通过这种方式，项目风险等级会出现9种组合。很显然，9种风险等级管理起来非常复杂，而且对于大多数项目来说也没有必要。因此，我们可以考虑采用发生概率和影响程度的方法，将风险等级划分为"低、中、高"3个等级。这种方法类似于归一化。对于归一化后的3种风险等级与最初的9种风险等级之间的对应关系，各公司可以有所不同。下面推荐一种常见的映射方法，详见图9-14。

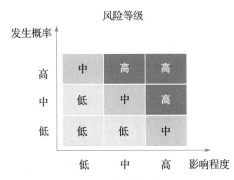

图 9-14　风险等级的映射关系

虽然风险发生概率和影响程度有明确的数值来衡量，但这些数值并不一定准确。有时，这些数值甚至可能是"拍脑袋"决定的。然而，这可以理解，因为风险中的很多因素本来就很难确定。因此，风险评估采取了定性和定量相结合的方式。

项目在立项时输出的项目风险管理清单作为风险管理的起点。表9-3所示为笔者为某企业进行IPD流程体系咨询辅导时指导企业制定的项目风险管理清单（内容有修改）。

表 9-3　项目风险管理清单

序号	阶段	领域	风险描述	责任人	措施	发生概率	影响程度	风险等级	风险识别人	风险状态
1	概念、计划、开发	研发	基带板电源 EMC 指标超标	张**	1. 底座可靠性结构改进 2. 电源模块外壳改进	低	高	中	研发代表	待关闭
2	计划、开发	供应链	原材料的可加工性风险	李**	1. 避免选用特殊规格材料，包括注塑、冲压、车削等 2. 对原材料的选型进行评审	中	高	高	采购代表	待关闭
3	开发	管理	6月1日，20名软件人员到不到位，如果没有及时到位，会影响到项目进度	项目经理	1. 项目经理和软件部门经理定期沟通资源问题 2. 5月中旬如果预期资源难以到位进行预警，并将问题上升	低	高	中	项目经理	待关闭
4	……	……	……	……	……	……	……	……	……	……

项目风险管理清单是项目经理管理项目风险使用的主要工具。项目经理在项目开发的整个生命周期中，维护、更新和管理好这张清单至关重要。

3.管控风险

（1）风险应对策略

在项目管理过程中，针对一系列不同等级的风险，我们需要有不同的应对策略。

在经过风险评估后，如果出现超过项目团队可承受等级的风险，项目可以取消或者暂停，等待进一步的评估结果。例如，如果某个等级很高的风险发生了，项目将彻底失败，并将给企业带来重大损失。事实上，在立项的决策评审过程中，决策团队除了评估这个项目需要投入的资源以及可能带来的收益外，还要重点评估项目风险。

对于在项目团队承受范围内的风险，项目管理人员需要采取一些应对策略来改善项目，或者降低风险等级，或者消除风险等。这些策略包括风险的规避、降低、转移、共享和接受等。

风险的规避策略是通过移除风险将不确定的情况变为确定，通常可以通过移除威胁的原因来实现。例如，方案中用到的某颗进口芯片存在供应方面的风险，可以通过改变设计方案，采用其他芯片替代的方式来规避风险。

风险的降低策略一般是在无法消除风险的情况下，降低风险发生的概率或/和发生的影响。例如，如果机制问题导致产品故障在一段时间内一定会发生，可以通过修改设计方案来降低故障发生概率或者使故障发生后产生的影响变小。

风险的转移策略是将整体或者部分风险转移给第三方。例如，如果供应商的零部件质量有问题，供应商承担全部责任。很多企业将一部分工作外包，随着工作内容的转移，相应的责任和风险也进行了转移。

风险共享常见于企业和供应商或者客户之间。超出项目团队甚至企业能承受范围的风险，如汇率变化、战争等，采取接受的策略。

（2）风险跟踪方法

在制定了项目风险管理清单后，项目团队需要定期检视和更新风险清单，例如，在项目例会上，可以预留专门的时间进行项目风险跟踪，回顾风险解决进展和更新情况。对于等级较高的风险，项目经理可以将其制定成任务清单，作为项目任务来完成，并定期反馈任务的进展情况。这样，风险责任人会更加重视风险的应对。如果风险没有得到有效管控而变成了问题，项目团队需要评估问题对项目的影响，并对风险管控失败进行复盘。这将为后续风险管理提供经验指导。

9.4　如何开好项目会议

项目经理常常是"不是在开会，就是在去开会的路上"。笔者作为管理过多个大项目的亲历者，对此深有感触。然而，一个企业、一个项目真的有必要开那么多会吗？有些会议一开就是几个小时，这些会议的效率是否有办法提高呢？下面介绍一些提高会议效率的方法。

1. 会议分类分层

要减少不必要的会议，首先需要对项目会议进行分类分层。主题相关的会议可以合并，价值不大的会议可以不开，或者用 IT 系统的某些功能代替会议，以提升项目管理的效率。

相关的项目会议包括项目决策会、项目汇报会、项目管理例会、项目专题会、业务分组会等。

从层级上看，项目决策会和项目汇报会属于高层会议，主要由决策层和项目经理参加，项目经理负责汇报项目的情况，决策层负责决策和资源协调。

项目管理例会属于项目层会议，由项目经理和各个领域负责人参加，主要讨论项目的进展、处理需要跨领域协调的工作以及管理项目的风险等。

项目专题会和业务分组会属于系统层会议。项目专题会主要讨论一些专题，例如故障专题会和需求变更专题会等。这种会议主要由专题相关人参加，如项目的需求变更会由 CCB 成员参加。业务分组会主要讨论各个领域的业务问题，由各个领域的负责人主持。例如研发领域内部的各种技术讨论会、生产领域内部的讨论会等，项目经理一般不用参加。项目会议分类分层如图 9-15 所示。

对项目会议做好了分类分层之后，再针对这些会议设置好组织者、主持人、参会人、会议议程、召开的频次和临时会议机制等。这样就可以明确哪些会议可以开、哪些会议可以不开，哪种会议什么样的角色参加、采用什么样的流程等。这些规则设定好可大大提升整个项目会议效率。

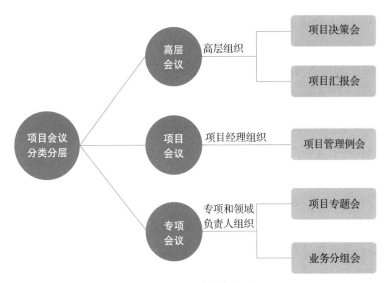

图 9-15　项目会议分类分层

2. 高效会议召开的一些原则

在宏观上设定好规则后，我们在具体的会议方面还可以引导和倡议一些原则，以进一步提升项目会议效率。这些原则包括"坚持'一个理念'、遵守'两个要求'、坚守'三个法则'、禁止'四种行为'"，如图 9-16 所示。

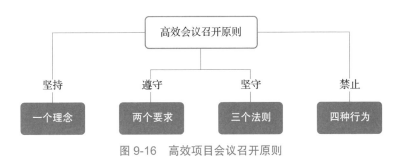

图 9-16　高效项目会议召开原则

（1）坚持"一个理念"

"一个理念"是指开会要"会而议、议而决、决而行、行而果"，形成一种闭环，这样的会议才是有效果的会议。

（2）遵守"两个要求"

"两个要求"指的是会前准备、会后跟踪，两者缺一不可。缺失前者，会降低会议的效率，而缺失后者，会导致会议效果下降。笔者一直在为企业做研发管理提升和改进的咨询工作，由于工作需要，经常会参加客户的一些项目会议，发现有些公司的项目会议效率非常低，一个重要的原因是会前没有做好相应的准备。笔者曾经参加过一个企业项目的技术评审会。会议议程中很重要的内容是讨论评委提出的意见是接受还是拒绝或者是进一步的沟通。结果发现，评委们提出了超过 30 条意见，在评审会前文档作者并没有和提出意见的评委做沟通和解释，而是在会上逐条讨论，导致整个会议持续了将近 4 小时。如果在会前文档作者和提出意见的评委做过充分的沟通，针对提出的问题达成共识，在会上只讨论少数问题，可以大幅提升会议效率。

（3）坚守"三个法则"

三个法则：一是明确参会角色，不能少，也不要多；二是聚焦会议主题，避免会议内容发散；三是鼓励参会人员积极发言、献言献策。以参会角色为例，项目例行会议的一般参会角色是固定的。参会角色多，可能只是浪费少数人的时间，但如果参会角色缺少，可能会浪费全体参会者的时间，甚至使会议没有达到目的。比较好的方式是：对于例会，重要角色不能缺席，宁可调整例会时间，也不要开重要角色缺席的例会；对于非例行会议，会前指定需要参会的人员。

（4）禁止"四种行为"

禁止"四种行为"包括上面开大会、下面开小会；发言长篇大论，没有言简意赅；该发表意见时沉默不语；会议讨论天马行空，不聚焦。

项目会议是项目管理中沟通管理的重要内容，在整个项目运行占用时间中占有很高的比例，因此提高会议效率是每个项目经理应重点考虑的事情。

9.5　如何做好项目激励

项目激励是从项目层面对项目团队成员激励，这与企业和职能部门层面的总体激励有所不同。项目激励可以分为物质层面的激励和精神层面的激励。精神层面的激励包括团队建设、价值体现以及荣誉获得等方面。本节主要关注产品研发项目的物质激励，其中，给项目成员发项目奖是最主要的物质激励方式。

1. 为什么要有项目奖

"我们已经给研发员工发了工资，到年底还有年终奖，为什么还要给产品研发项目成员发项目奖。如果产品研发项目成员有项目奖金，那其他非研发项目成员是不是也应该要发项目奖？"。这是我们给一家大型企业做 IPD 咨询时，一位高管针对产品研发项目管理变革部分的内容提出的疑问。

确实，在此之前，该企业绝大部分项目，包括一般的产品研发项目和职能提升项目（如财务能力、销售能力专项提升项目）没有项目奖，只有极少数的重大项目，在成功结项后才有专项基金激励，且激励方式和我们建议的项目奖励方式也有所不同。

为什么我们认为产品研发项目设置项目奖会带来好处？有以下几点原因。

首先，对于以销售研发产品为盈利来源的企业而言，产品研发项目应被视为企业最重要的项目类型。尽管有些研发项目可能会失败，而有些项目可能无法带来丰厚的利润，但部分研发项目有可能给企业带来巨大的收益。在无法确定哪个研发产品将成为"爆品"之前，向每个研发项目发放一定的项目奖金，以激励产品研发人员打造优质产品，是一种有效的管理措施。

其次，有些产品的研发周期比较长，在漫长的项目周期中，如果达成了一些关键里程碑，给予项目成员一定的项目奖金激励，既是对过往工作成果的肯定，也是激励项目成员继续完成项目的动力。

最后，发项目奖也是给项目经理赋权的一种途径。对于项目成功，项目经理责、权、利对等是很重要的保障。有些企业只强调项目经理对于项目承担的责任，但对于项目经理的"权和利"则很少考虑。这种企业的项目管理很难做好。

当然，企业在设置项目奖时不能让成本大幅上升。这也是企业最担心的地方。事实上，企业从没有项目奖向设置项目奖转变的过程中，可以考虑通过调整员工的收入结构来实现。最后，这家企业采纳了我们的建议，计划从后续公司员工增量收入预算中，逐步改变员工收入结构，增加研发项目奖的预算。

2. 如何做好项目奖激励

如果企业认可了产品研发项目奖的价值，那么做好项目奖的激励则变得至关重要。项目奖激励远不是通过项目管理把奖金发下去那么简单，它也需要一些流程和制度来保障，否则容易"好心办坏事"，产生负作用。

做好项目奖激励，要解决几个问题，包括项目奖从哪里来、谁负责发项目奖、项目奖的发放规则、项目奖的发放时机。

（1）项目奖从哪里来

以产品研发和销售为盈利模式的企业，首先要投入研发费用进行产品研发。正如 9.2 节中的成本管理内容所指出的，只有通过产品研发才能带来利润。本节所介绍的项目奖是针对项目研发过程的奖励，然而此时产品还未销售，没有销售额和利润。实际上，这时候的项目奖预支了产品未来利润的一部分。不过，并非每个项目都能盈利。因此对于企业来说，给每个产品研发项目发项目奖与其他项目投入一样，都存在风险。但是，企业进行产品研发本身就是一项高风险的活动。因此，将项目奖视为研发投入的一部分，并在计算产品盈利时将其作为产品研发的成本考虑在内。

项目奖应该设置多少额度比较合适，这实际上和企业的业务以及项目特点有关。不同项目的周期、盈利能力存在很大的差异。因此，企业在设置项目奖额度的时候，可以先进行一些试点，在试点过程中不断完善，经过长期探索，找到一个符合实际情况的项目奖金激励值。

（2）谁负责发项目奖

当企业制定了项目奖制度后，项目奖的预算来源是产品经营单位。它可以是企业层面，也可以是事业部或者产品线层面，取决于企业的经营核算体系。一旦项目奖预算到了项目层面，决定项目奖分配的人员就是项目经理。在 IPD 流程体系中，产品经理负责分配产品包的项目奖，其中子项目的项目经理负责他带领项目的项目奖分配。那么，项目经理应该根据什么规则来发放项目奖？

（3）项目奖的发放规则

不同企业的项目奖发放规则可能会有差异，但都应该通过考核的方式来发放，而制定项目的考核规则是上文提到 PMO 部门的工作。

首先要说明，在矩阵式组织模式下，项目线考核和职能线考核是两件相对独立的事情。项目线考核是从完成项目任务的维度考核项目成员，主导考核的人员为项目经理。职能线考核是从综合表现来考核部门员工，主导考核的人员为部门经理。对于大部分企业来说，职能线考核一般是公司层面的考核，如半年度、年度的考核。项目线考核和职能线考核对比如表 9-4 所示。

表 9-4　项目线考核和职能线考核对比

	项目线考核	职能线考核
考核主导人	项目经理	部门经理
考核时间点	里程碑	固定时间
考核影响	项目奖	年终奖
考核关注点	项目表现	综合表现

项目考核是决定发放项目奖额度的重要依据，但项目考核的规则制定是一件比较复杂的事情，如果规则制定得不科学，很有可能出现上文讲的"好心办坏事"现象。

项目考核不是目的，对项目成员起到激励作用才是目的。

一般来说，发放项目奖需要考虑以下几个因素：项目成员在项目中的考核等级、项目成员投入的时间，以及项目成员工作内容的权重。以项目成员工作内容的权重为例，系统工程师设计架构和方案工作内容的权重和软件编码、电路原理图设计工作是不同的。而一个项目中有多种工作内容，要通过权重来区分工作的重要性。这样才能确保系统工程师和一般工程师甚至助理工程师，在付出同样工作时间和考核等级相同的情况下，系统工程师得到的项目奖应该更高。PMO在制定项目奖发放规则时需要统筹考虑这些方面，以使项目奖的发放更加科学。

笔者曾担任过大型项目的项目经理，当时公司的项目管理办公室（PMO）制定了非常完善的项目奖发放制度。这些制度中的许多规则已经通过IT系统实现。项目经理只需根据项目成员在项目中的表现进行分等级，IT系统便可自动计算出某个成员应分配的奖金。在此基础上，项目经理可以进行适当的调整，但需同时说明调整原因。这样在很大程度上减轻了项目经理的考核压力，并降低了人为主观判断的影响。若机制存在问题，只需对机制进行调整，并通过IT系统进行改进。

（4）项目奖的发放时机

项目奖是不是项目结项时一次性发放比较好？没有标准答案，和项目的特点有关系。如果项目周期比较长，比如长达几年甚至更长，等到项目结项时才发放项目奖金，则奖金的激励作用微乎其微。怎么做比较好？

一般来说，除了项目结项这一最重要的里程碑外，过程中还应设定一些关键性的里程碑。这些里程碑不仅可以用于判断项目是否在关键时刻达到了既定的目标，也为项目决策层提供了是否继续推进项目的参考依据。此外，项目奖励可以设置为在某些关键的里程碑达到后分批发放。这种做法体现了管理层对达成项目目标的认可，也使项目成员感受到被重视。

但项目奖金的频度也不宜太高，毕竟项目考核过程和奖金分配过程都是管理成本。以笔者项目管理经历为例，一般项目在结项前会设置成果鉴定里程碑。这个里程碑达成意味着项目失败的可能性很小。因此在这个里程碑时刻，企业会发放一次项目奖，到最后成功结项还会发放一次。在奖金额度分配方面，在成果鉴定里程碑时刻项目奖发放比例低于 50%，大部分项目奖实际上还是要成功结项后兑现，如果未能成功结项，则剩余的项目奖取消。这种项目奖的设置方式反映了经营单位在进行产品研发投入预算时，不仅考虑了激励作用，也考虑了投资回报，是比较科学的经营理念。

最后需要强调的是，本节介绍的项目激励等制度基于矩阵式组织模式。在项目制和职能制组织模式下，项目激励制度有所不同。

9.6 案例 9-1：一家专精特新企业是如何做好研发项目管理的

1. 企业情况

上海巨灵信息技术股份有限公司（简称"巨灵信息"）是国家高新技术企业和上海市专精特新企业。它专注于制造业企业数字化服务，专业为制造业企业提供从基础 IT 设备、软件、网络安全到智能生产线的数字化工厂整体解决方案。

巨灵信息聚焦于新能源和半导体两大领域，为新能源、芯片、汽车、工程机械等制造业企业提供具备国内领先水平的智能装备。公司研发的自动化装备已经广泛应用于锂电池负极材料、氢能等新能源行业。目前，该公司积极布局第三代半导体产业链，重点突破高纯材料源头技术难关和国际封锁，正在研发高纯石墨流化床产线（3N、6N）、碳化硅粉体合成炉、碳化硅单晶生长炉等高端装备。

2. 项目背景

2021年7月，公司接到国内某头部芯片制造企业采购真空灌胶机的需求，这是非常好的一个商业机会。但是，客户提出的交付条件非常苛刻（包括对设备的精度要求非常高、交付周期短）。而且在商务条款方面，客户希望巨灵信息先提供核心组件测试数据，如果测试数据不达标则不会下单，这意味着企业前期投入打了水漂。

面对这样一个充满了机会但又伴随着巨大风险的项目，巨灵信息高层进行了反复评估，主要评估其中的机会、风险以及交付能力。在机会方面，国内半导体制造是一个长期向好的产业，真空灌胶机的市场空间巨大。同时，作为国内知名的芯片制造企业，它给予的认可对企业有标杆引领作用。此外，真空灌胶机目前主要还是进口，国内能够研制出来的企业非常少，一旦巨灵信息占领这个市场，后续将会有巨大的商业机会。在风险方面，除了客户严苛的技术和商务要求外，巨灵信息还有部分技术没有掌握。在交付能力方面，巨灵信息没有问题。

进入半导体设备行业，一直是巨灵信息的战略。面对这么难得的一个战略性机会，错过了非常可惜，哪怕最后项目失败给公司造成了损失，这个损失也是值得的。最终，巨灵信息高层决定承接这个项目，并迅速启动了立项，由有十年项目管理经验的骨干担任此项目的项目经理，由智能制造事业部总经理担任项目顾问，全力保障该项目的资源供应。

3. 项目实施

综合评估巨灵信息现有的能力，这是一个看似不可能完成的项目。然而，由于它是公司的战略性项目，公司从总经理到各级主管都将该项目的优先级定为最高，并给予了最充足的资源和无条件的支持。此外，项目经理拥有丰富的项目管理经验。因此，尽管这个项目的难度非常大，但它仍然有成功的可能性。

（1）制订项目计划和识别风险

立项后，项目经理根据客户要求交付的时间倒排计划。项目计划分为两个阶段：第一阶段为在核心部件上测试数据并向客户提供数据，第二阶段为向客户交付设备。如果第一阶段的数据结果没有得到客户的认可，项目失败。因为整个项目两个阶段的周期只有 3 个月，因此，甘特图中的项目计划细化到 0.5 天，里程碑和关键节点都提前 1 天，目的是给意外预留一点时间。

同时，项目经理组织核心团队识别了多个项目风险，其中重点风险有 3 个，分别是按时交付、技术和影响客户产能。

（2）项目进度管理

由于项目周期短、工作量大且蕴含各种风险，因此项目组在项目启动后就按倒计时冲刺方式管理进度。项目经理组织各个领域负责人，一天召开两次会议，以了解各个领域的进展以及遇到的问题，便于及时协调资源进行解决。为了提高会议效率，大多数情况下开站立会议，汇报形式结构化（内容包括当前进展、和进度预期比较、接下来准备如何做，存在的问题和需要协调的资源），并对每个成员汇报时间做了限制。如果有复杂问题且涉及人员不多，会后单独和项目经理反馈。这种密集且高效的汇报和交流方式，大大提升了项目进度管理效果。

在整个项目运行过程中，决策权力高度下放。例如，大部分采购件及各种成本支出都由项目经理决定，只有达到一定额度的超大型组件采购，才由项目经理提出申请并说明理由，经上级领导审批。此外，在项目运行过程中，部分关键任务需要加倍人力资源才能按时完成。项目经理向上级申请增加人力资源，很快获得了批准并如期增加了人力，保障了项目进度。这相当于项目投入的变更申请以最高的效率获得了决策层的支持。

（3）项目风险管理

在项目启动时，公司已经识别出一些风险。每次项目会议中任务和进展的反馈也包含了风险跟踪情况的介绍。对于重点风险，通过项目任务的方式进行跟踪。以重点风险中的技术风险为例，这个项目涉及的技术比较复杂，但绝大部分关键技术巨灵信息已经掌握，而有一项技术指标是要求设备的CPK（过程能力指数）达到1.67，巨灵信息暂时没有达标。CPK是指生产过程能力满足产品质量标准要求的程度。该值越大，表明设备的稳定性和一致性越好，反之则越差。巨灵信息当前的能力只能把设备的CPK做到1.33，因此在技术储备上和客户的要求存在差距。但是，巨灵信息评估过这个风险，认为虽然自己目前的能力还差一点，但不少行业要求设备的 CPK 达到 1.67，可以通过专家团队到其他标杆企业学习的方式，快速提高自己在该方面的能力。因此，项目启动后安排专家到某标杆企业学习，最终把这个项目的设备 CPK 提升到了 1.67。

然而，项目中也存在一些未能被及时识别的风险。例如，供应链交付问题在后期成为一个突出的风险点。在项目初期，供应商并未报告任何异常情况。但随着项目的深入，主体结构件的供应商表示其加工周期需要 25 天。这比之前沟通的时间要长。若按照这一加工周期交付，项目势必会延期。面对这种突发状况，项目组决定对主体结构件进行拆分，交由 4 家供应商分别加工。最终，公司仅用了 14 天就完成了结构件加工和组装工作，确保项目的进度没有受到影响。

这个项目除了以上介绍的进度管理、风险管理、技术管理以及项目会议管理等工作，还涉及质量管理、变更管理等工作。限于篇幅，本节不做展开介绍。本项目由于是以突破市场为主要目标，因此成本没有作为项目重点管理内容。

（4）项目成功交付

经过 3 个月的努力，设备如期发货到客户厂房，开始试生产并测试生产数据。在经历 2 个月的数据测试和对比国外设备后，所有关键数据达标。同时，巨灵信息的设备产能比国外设备产能提升了 30%、兼容性提升了 40%、整体节拍提高了 35% 至 400%（A 产品节拍除外）、占地空间缩小了 35%。设备验收顺利完成标志着项目获得巨大成功。图 9-17、表 9-5、表 9-6 和图 9-18 分别是该公司研制的真空灌胶机的工艺流程、与对标设备的关键参数对比，以及客户验收现场。

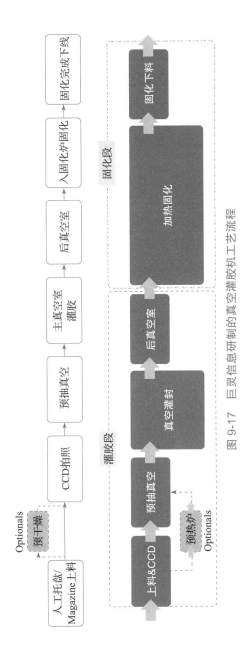

图 9-17 巨灵信息研制的真空灌胶机工艺流程

表 9-5 与对标设备参数对比

项目		SGS S2001（巨灵信息设备）	对标机型 A
灌胶段	料桶体积	60L/60L	60L/60L
	出胶比例精度	5ml ± 5%	5ml ± 5%
	出胶量精度	5ml ± 5%	5ml ± 5%
	料管压力传感器	有	有
	出胶口压力传感器	有	无
	出胶头数量	1	1
	最高真空值	5mbar	5mbar
	真空值范围	5 ～ 1000mbar	5 ～ 1000mbar
固化段	温度范围	室温～ 200℃	室温～ 200℃
	温度均匀性	120 ± 4℃	120 ± 5℃

表 9-6 和对标机型参数对比

产品名称	产品类型	产品数量 pcs/tray	胶量 g/pcs	需求节拍/pcs	需求节拍/tray	SGS 2001节拍	占地空间	占地节省
A		2	27	36s/pcs	72s/tray	72s/tray	12*1.4*2.3m	35%
B		15	27	36s/pcs	540s/tray	260s/tray	12*1.4*2.3m	35%
C		6	30	36s/pcs	216s/tray	160s/tray	12*1.4*2.3m	35%
D		10	12.5	36s/pcs	360s/tray	140s/tray	12*1.4*2.3m	35%

（续）

产品名称	产品类型	产品数量 pcs/tray	胶量 g/pcs	需求节拍/pcs	需求节拍/tray	SGS 2001 节拍	占地空间	占地节省
E		20	4	36s/pcs	720s/tray	140s/tray	12*1.4*2.3m	35%
F		12	6	36s/pcs	432s/tray	130s/tray	12*1.4*2.3m	35%

图 9-18　客户验收现场

（5）项目复盘

在项目被客户验收一周后，项目组启动了项目回顾，重点回顾了项目管理、供应商管理、风险管理等内容。项目组肯定了进度管理和风险应对表现良好，表示这些经验可以作为后续项目的借鉴。然而，项目组在项目回顾过程中也发现了公司在供应管理方面的不足，如供应商分类、分级、评价等方面有待改进。此外，关键物料和部件的供应商数量较少，甚至还有独家供应商的情况。这对公司的供应链安全造成了影响。这些问题的解决将成为公司后续工作的重点。

4. 案例启示

1）由于不同项目的交付目标不同，项目管理的重点也会有所不同。本项目的交付重点在于设备的交期和性能要求较高，对成本的要求相对较低。因此，项目管理主要集中在进度管理、风险管理、研发水平管理和质量管理等方面。

2）特殊项目的管理是企业极限能力的体现。企业不能将特殊项目的管理方式直接应用于普通项目，而是要识别出其中值得推广和借鉴的部分，并进行借鉴和移植，最终将其固化为企业的项目管理能力。

9.7 本章小结

1）做好研发立项至关重要，立项前做的准备工作是把尽可能多的信息转变成固定的事实。

项目任务书是立项材料中非常重要的文档。

召开项目启动会标志着项目的开始。项目启动会要尽可能简短、高效，但要重视仪式。

用好企业的过程资产库，遵循各种规范、流程和标准，借鉴以前项目的经验，提高项目成功率。

2）要做好项目的范围管理主要是做好项目的需求变更管理

和范围变更管理。合理地设定需求变更冻结点、和客户明确需求变更规则、建立需求变更组织和流程是做好项目需求变更管理的关键。

管理项目的进度不仅需要做好项目计划的管理，还要做好计划的制订和监控，避免返工。计划制订的方法有自上而下、自下而上以及类比法。计划的制订需要符合SMART原则。

对于项目质量管理，公司层面要从宏观上构建质量管控体系，项目层面的质量管理活动主要包括产品质量策划、质量控制、质量保证和质量改进。

项目成本管理包括项目费用管理和产品成本管理。小项目成本管理法不考虑单个项目的人力成本和管理成本，重点管理项目的研发材料费用、工、模、检、夹具，以及固定资产等。产品成本主要包括BOM成本和制造成本。提升设计水平和优选通用件是降低产品BOM成本的两个主要方法。在产品设计过程中，可通过优化工艺，降低制造成本。

3）项目风险管理的目的是不要让风险成为问题。项目风险管理工作包括识别风险、评估风险和管控风险。风险识别需要分工，项目经理作为风险管理第一责任人，总体负责风险管理。风险识别需要分领域。

风险评估包括划分风险等级。风险等级可分为"低、中、高"3种。不同等级的风险，应对策略不同。

项目经理在管控风险时需要一些应对策略和跟踪方法。在制定了"项目风险管理清单"后，项目组需要定期检视和更新风险清单，保持对风险的密切跟踪。

4）项目会议需要分类、分层，再针对细分会议设置组织者、主持人、参会人、会议议程，以及召开的频次和临时会议机制。

提高会议效率的原则包括但不限于："坚持'一个理念'、遵守'两个要求'、坚守'三个法则'和禁止'四种行为'"。

5）很多企业为了激励产品研发，给产品研发项目设置项目奖。但要做好项目的激励，需要解决好项目奖从哪里来、谁负责发项目奖、项目奖的发放规则、项目奖的发放时机等几个问题。

☞ 实务经验

❑ 产品研发项目管理是项目管理体系中的一个细分应用领域。相比庞大的项目管理知识体系，产品研发项目管理可能只需要用到其中的部分知识。但产品研发项目管理具有非常强的专业性。项目经理只有同时具备产品研发的专业能力和拥有项目管理理论知识，才可能做好项目管理。

❑ 不同规模企业的产品研发项目管理的侧重点有所不同。中小企业人才相对稀缺，但组织架构简单，项目管理的侧重点应放在"事"方面，即重点管理项目范围、进度、质量、成本和供应链；在"人"方面如干系人沟通管理等工作次要一些。而大型企业人才相对充沛，"事"的难度会小一些，可以放在次要的位置，而干系人的沟通管理非常重要。

|第 10 章| CHAPTER

产品研发项目负责人和核心团队

在项目管理流程和制度确定后，人员和团队成为项目成功与否的关键因素，项目负责人和核心团队角色则是最为关键的部分。

本章介绍了产品研发项目负责人的重要性、应具备的特质以及项目负责人的选拔方式，还介绍了产品研发项目核心团队角色及其职责和要求。这些核心角色包括研发代表、市场代表、财务代表、采购代表、制造代表和质量代表。

10.1 产品研发项目负责人

1. 重要性

9.1 节讲到了项目经理对于项目成败的重要性，这是指一般意义上负责人的作用。本节介绍的产品研发项目负责人不是像研发项目经理、生产项目经理这种职能相对单一的管理者，而是涉及研发、采购、财务、市场、质量、生产甚至售后服务等众多职能的负责人。在IPD流程体系中，这个角色是产品经理。跨职能的产品研发项目任务复杂体现在除了有技术研发，还有市场分析和策略制定、需求分析及管理、财务预算和核算、采购及质量管理等众多任务。此外，跨职能的团队管理以及与众多干系人的沟通也是难度非常大的。因此，对于这种跨职能的产品研发项目，负责人显得更加重要。那么，这个角色应该具备哪些方面的特质？

2. 具备的特质

这里讲的特质是一种软技能的体现。一般来讲，要做好跨职能的产品研发项目管理，负责人应具备领导力、人际交往能力、目标导向意识和专业能力，对项目有激情，受人尊敬，如图10-1所示。

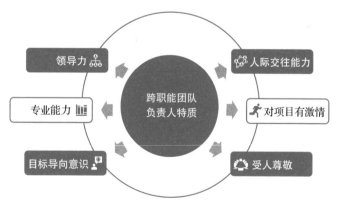

图 10-1　跨职能团队负责人特质

（1）领导力

这几乎是所有领导者应该具备的特质。有些企业把跨职能的项目负责人（即产品经理）称为企业的"小CEO"，因为在产品方面他几乎什么都要负责，不仅仅是技术，还包括产品的经营。相比职能部门的领导在公司有对应的管理层级，产品经理要利用高超的领导技巧来影响和调动各种资源，体现非职务方面的领导力。

（2）人际交往能力

产品研发项目负责人需要和不同职能领域的人打交道。在项目内，他不仅需要领导各种不同背景的团队成员，共同达成项目目标。在项目外，他还需要和各个不同职能领域的干系人进行沟通、交流，以获得各种资源的支持。

（3）对项目有激情

产品研发项目负责人仅有能力未必能做好项目，对项目是否有激情决定了他是否有意愿和兴趣来领导项目。在各方面条件相当的情况下，一个积极主动担任项目负责人的候选人比一个勉为其难担任项目负责人的候选人，领导项目成功的可能性会更大一些。我们可以看到，一些符合跨职能项目负责人条件的员工，当领导希望他们担任项目负责人时，他们往往会表达自己的职业发展意愿，比如想成为某个领域的资深专家，或者成为某个职能领域的管理者等。在这种情况下，不建议其担任跨职能项目负责人，因为这不是他的发展方向。

（4）受人尊敬

虽然项目章程规定了项目负责人对项目的各种权力，但实际上一些项目管理工作往往很难通过行使权力来完成，例如项目成员对你的拥戴和真心的认同，而这些会影响到项目成员的工作成效。这时，项目负责人在组织内受人尊敬的程度就起到非常重要的作用。这种受尊敬的来源包括项目负责人的资历、能力，以及过往的业绩等。因此，组织在选拔项目负责人时需要考虑候选人在组织内的受尊敬程度。

（5）目标导向意识

产品研发项目管理是一件高度复杂的工作。在整个产品研发过程中，项目负责人需要把总目标分解成很多任务，甚至可能把一个大项目分成多个小项目。例如，笔者曾经负责过的一个产品研发管理项目分成了3个研发子项目，包括两个硬件规格项目和一个软件项目。在项目分解成众多任务之后，我们就很难把每个子任务和整个项目的目标之间建立起关系，因此很容易导致投入资源做一些没有价值或者价值不大的事情。目标导向意识强的项目负责人能很敏感地识别出哪些任务价值大，哪些任务价值小甚至没有价值，从而把重点资源投在影响项目目标的任务上，尽可能砍掉不必要的任务，或者降低在这种任务上的投入。

（6）专业能力

产品研发项目覆盖众多专业领域，如研发、采购、财务和市场等，例如，在研发领域，还可能涉及软件、硬件可靠性技术等。由于项目的复杂性，项目负责人不可能具备所有领域的专业能力，但是应至少具备某方面或几方面的专业能力。例如，项目负责人可能研发能力较强，或者市场分析能力较强，或者是采购方面的专家等。只有在具备了某方面的专业能力基础上，结合其他相关特质，项目负责人才可能有效地管理如此复杂的产品研发项目。

3.产品研发项目负责人的来源

产品研发项目负责人的选拔和任命流程在9.1节项目立项中有介绍。本节主要介绍产品研发项目负责人的来源，即跨职能项目负责人究竟应该来自研发还是市场、采购、生产部门，或者是来自质量、财务部门比较合适。

这可能是一个没有标准答案的问题。但从笔者多年的工作经验以及咨询经历来看，大致可以总结出一个规律：产品研发以哪个领域的工作为主，产品研发项目负责人一般会来自这个领域。例如，如果一个项目是以开发新技术为主，项目负责人一般来自研发部门。

如果一个项目是对成熟技术的小改动，重点工作在开拓市场，项目负责人一般来自市场部门会比较好。当然，并不是所有情况都符合以上规律。因此，产品研发项目负责人来自哪个部门并不是最重要的，最重要的是项目负责人要符合以上特质，再从中择优，选拔出最适合的负责人。

10.2 产品研发项目核心团队

产品研发项目团队即7.1节介绍的产品团队中的PDT。对于不同行业、不同特点的产品，PDT中的职能领域会有所不同。即使同一个行业，不同企业的组织架构不同，PDT中的职能领域也会略有不同。

在 IPD 流程体系中，每个职能领域无论包括多少成员，都会设置一个代表来作为 PDT 的核心成员（代表这个职能领域承接相应的工作）。例如，PDT 中的研发领域可能包括很多研发人员，但研发代表只有一个。同样，一个项目可能只需要一个财务领域的成员，这个成员就是财务代表。本节介绍 PDT 中常见的领域代表在整个产品研发过程中的工作概况和任职要求，并给出一个实例参考。这些领域代表分别是研发代表、市场代表、财务代表、采购代表、制造代表和质量代表。PDT 中的核心成员如图 10-2 所示。

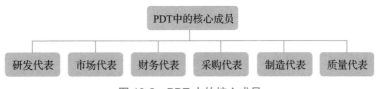

图 10-2　PDT 中的核心成员

（1）研发代表

研发代表是项目中核心角色之一。对于创新要求比较高的项目，整个项目成员的绝大多数是研发领域的员工。研发代表一般来自研发部门，是项目中研发工作的接口人和负责人。因此，研发代表的任职要求比较高，不仅需要掌握某些方面的技术，可能还要求是某个技术领域的专家，而且还需要具备一定的管理能力。此外，他还要熟悉项目的研发特点。只有具备了这些通用能力、专业技能，他才可能把所有的研发任务科学地分配给不同的研发人员，并对这些任务的成败负责。

表 10-1 是笔者团队为某大型汽车零部件客户提供 IPD 咨询项目中设计的研发代表任职能力要求。表 10-2 至表 10-6 中的内容都是这家客户的要求。

表 10-1 研发代表任职能力要求示例

任职能力要求／条件		
类别		详细描述
专业经验		某项专业领域内的技术骨干，个人或带领团队解决过多次技术难题 从事本专业领域工作 5 年以上 作为项目核心人员，至少成功交付同等项目 3 个
专业知识		精通与本项目专业工作所需要的原理和应用知识 掌握本项目专业工作所需要使用的工具、模板等 掌握本项目的产品开发流程、产品各种认证规范等
专业能力		理解市场或客户的需求，并对需求进行分析和归纳，转换成合适的技术参数和技术需求方案 具备较深和较广的技术水平，具备独立开发、设计能力及解决问题的能力 对产品研发领域的工作性质、工作内容有一定的了解
通用能力	人际协调与沟通能力	具备良好的沟通能力，及时、准确掌握研发团队中成员的思想和问题 具备良好的项目沟通、项目协调及突发事件解决能力
	团队合作	提供明确的方向并说明各成员具体的角色和责任。通过指导、辅助并激励员工实现期望的工作成果 保持开放、流畅的沟通，营造参与、信任及合作的团队氛围 具备良好的组织协调能力，能够及时发现和解决部门间协作问题
	管理能力	熟悉产品的研发流程，具有一定的管理能力和协调能力
	思维能力	具有全局观，能从产品研发的整体出发考虑问题 具有良好的分析、归纳及判断能力和不断学习的能力

从表 10-1 中可以看出，该企业对研发代表的任职能力要求比较高。不同企业的资源不同，可根据实际情况制定本企业各个代表的任职能力要求。

（2）市场代表

对于以客户需求和市场趋势为导向进行产品研发的企业，市场分析、推广等工作对产品研发项目的成功与否具有决定性的影响。项目中的市场代表及其带领的市场团队主要负责市场方面的工作。市场代表通常来自市场部门，是项目中市场工作的联络人和负责人。这个角色不仅需要具备市场分析和研究能力，还需要对研发和财务等方面的工作有一定的了解。尽管市场代表并非研发工作的主导者，但熟悉研发工作有利于市场活动的开展。因此，拥有一定研发工作经验的市场代表会更加合适。在华为等高科技企业中，有研发经历的市场代表会更受欢迎。参与评估产品未来盈利情况，也是市场代表工作的一部分，因此市场代表也需要懂一点财务知识。此外，作为项目团队负责人和接口人，市场代表也需要一定的管理能力。

表 10-2 是同一家客户的市场代表任职能力要求。

表 10-2　市场代表任职能力要求示例

任职能力要求 / 条件	
类别	详细描述
专业经验	从事市场领域工作 5 年以上 有一定的研发经验
专业知识	熟悉行业发展动向、技术发展趋势，及国家 / 地区相关政策 熟悉与本领域相关的产业政策 了解业内产品功能、性能、特点和技术难度等信息
专业能力	很强的市场洞察能力及市场敏感性 能对市场需求进行深入分析并对市场价值有清楚的认识 能全面挖掘客户真实、潜在的需求 能用市场管理相关工具（如 PEST，SWOT，FAN 等）分析行业、产品竞争及定位，分析和评估产品的财务等指标

（续）

任职能力要求 / 条件		
类别		详细描述
通用能力	人际协调与沟通能力	具备良好的项目沟通、项目协调及突发事件解决能力
	团队合作	保持开放、流畅的沟通，打造信任及合作的团队氛围 具备良好的组织协调能力，能够及时发现和解决部门间协作问题
	管理能力	熟悉产品的研发流程，具有一定的管理能力和协调能力
	思维能力	能快速学习行业新知识、识别市场趋势 具有良好的分析、归纳及判断能力和不断学习的能力

（3）财务代表

项目预算的制定、成本的控制，以及产品未来预期收益的预测等工作，虽然部分由项目经理主导，但由于涉及专业的财务知识，需要财务人员的协助。这个财务专家就是财务代表。他通常来自财务部门，主要负责监控项目费用和核算各项财务数据。除了具备财务方面的专业知识和能力外，财务代表还需要熟悉产品和项目，特别是产品的市场情况，这有助于更好地监控项目费用和预测收益。对于大多数项目来说，一个财务代表就能完成所有与财务相关的工作，因为项目的财务管理工作通常很少涉及团队协作，所以财务代表无需具备管理技能。

表 10-3 是财务代表任职能力要求。

表 10-3　财务代表任职能力要求示例

任职能力要求 / 条件	
类别	详细描述
专业经验	从事财务领域工作 3 年以上
专业知识	了解与本项目专业工作所需要的原理和应用知识 了解该项目的产品及市场情况 熟悉财务的概算、预算、核算、决算等专业知识

（续）

任职能力要求 / 条件		
类别		详细描述
专业能力		能够对项目的投入产出情况、收益情况进行分析
		能够对项目费用进行有效的管控
通用能力	人际协调与沟通能力	具备良好的项目沟通、项目协调及突发事件解决能力
	团队合作	保持开放、流畅的沟通，营造信任及合作的团队氛围
		具备良好的组织协调能力，能够及时发现和解决部门间协作问题
	管理能力	无
	思维能力	具备全局观，能从产品研发的整体出发考虑财务问题
		具有良好的分析、归纳及判断能力和不断学习的能力

（4）采购代表

采购代表在产品研发项目中扮演着至关重要的角色，负责为项目采购各种研发物料（如零部件、芯片）和固定资产等，以确保产品研发的顺利进行。采购代表通常来自采购部门。虽然项目常规研发物料的采购并不复杂，但新型物料的成本控制、质量保障、交货周期等关键因素都存在不可控的风险。此外，寻找新的供应商来供应所需物料也存在诸多不确定性。因此，采购工作对项目的成败具有重要影响。企业对采购代表的要求也相对较高。最后需要强调的是，达到一定规模的企业会将研发物料和生产物料分开管理，由不同的角色负责。本节所介绍的采购代表主要负责研发物料的采购。

表 10-4 是采购代表任职能力要求。

表 10-4 采购代表任职能力要求示例

任职能力要求 / 条件		
类别		详细描述
专业经验		从事和本项目相关的物料采购工作 5 年以上 有供应商的开发经验
专业知识		熟悉供应链管理体系 有较强的产品成本分析能力 熟悉本公司的采购流程
专业能力		能分析产品研发项目中关键零部件供应现状、价格走势，及时采取对应策略 能对产品研发的整个零部件采购过程实施有效监控 具备和供应商谈判的能力
通用能力	人际协调与沟通能力	具备良好的项目沟通、项目协调及突发事件的解决能力
	团队合作	保持开放、流畅的沟通，营造信任及合作的团队氛围 具备良好的组织协调能力，能够及时发现和解决部门间协作问题
	管理能力	熟悉产品的研发流程，具有一定的管理能力和协调能力
	思维能力	能快速学习行业新知识 具有良好的分析、归纳及判断能力和不断学习的能力

（5）制造代表

产品制造环节虽然位于项目周期的后端，但制造代表需要在项目早期就参与评估产品的可制造性，并给出相应的制造策略。例如，他需要评估产品的制造工艺要求是否满足企业现有的制造工艺要求，是否需要升级工艺、扩建产线或者委外生产等。

制造代表一般来自制造部门。除了完成与制造相关的工作，如试制、工艺设计和验证、批量生产验证等，他还需要参与研发设计中有关产品可制造性设计（Design For Manufacturability,

DFM）和可组装性设计（Design For Assembly，DFA）的评审。
由于制造相关的工作量较大，制造代表需要带领制造领域的团队
完成这些工作。因此，制造代表需要具备一定的团队管理能力。

表 10-5 是制造代表任职能力要求。

表 10-5　制造代表任职能力要求示例

任职能力要求 / 条件		
类别		详细描述
专业经验		从事制造领域相关工作 5 年以上 有丰富的制造经验
专业知识		熟悉与本项目专业工作所需要的原理和应用知识 精通本产品的制造原理和流程 了解业内产品功能、性能和技术难度等信息
专业能力		在制造技术（产品试制、工艺控制、质量控制、效率改进、产品数据）方面需达到较高的技能要求 在生产管理（生产组织、物流计划、订单履行）方面需达到较高的技能要求 对负责的产品发展方向有深刻的认识和理解，能预测到由此对制造系统产生的影响并制定有效的策略
通用能力	人际协调与沟通能力	具备良好的项目沟通、项目协调及突发事件解决能力
	团队合作	保持开放、流畅的沟通，营造信任及合作的团队氛围 具备良好的组织协调能力，能够及时发现和解决部门间协作问题
	管理能力	熟悉产品的研发流程，具有一定的管理能力和协调能力
	思维能力	能快速学习行业新知识 具有良好的分析、归纳及判断能力和不断学习的能力

（6）质量代表

在项目管理中，项目经理对整个项目的质量负有责任。但

由于质量管控工作的专业性，项目中需要设置专门的 QA 人员进行质量管控。这个 QA 人员被称为质量代表。关于质量代表的工作，我们在 9.2 节中有详细的介绍。除了在产品质量管控方面具有专业能力外，质量代表还需要了解产品的技术特点和技术难度，这有助于为项目制定合理的过程质量目标。

表 10-6 是质量代表任职能力要求。

表 10-6　质量代表任职能力要求示例

任职能力要求 / 条件		
类别		**详细描述**
专业经验		从事质量管理领域工作 5 年以上 有丰富的质量管理经验
专业知识		熟悉本项目所在领域的质量管理体系 熟悉质量管理的基本内容和流程 熟悉业内产品功能、性能、特点和技术难度等信息
专业能力		具备产品过程质量管控能力 具有较强分析和处理质量问题的能力
通用能力	人际协调与沟通能力	具备良好的项目沟通、项目协调及突发事件解决能力
	团队合作	保持开放、流畅的沟通，营造信任及合作的团队氛围 具备良好的组织协调能力，能够及时发现和解决部门间协作问题
	管理能力	熟悉产品研发流程，具有一定的管理能力和协调能力
	思维能力	能快速学习行业新知识 具有良好的分析、归纳及判断能力和不断学习的能力

以上介绍了 PDT 中常见的六大代表角色任职能力要求。事实上，不同的行业和企业在选择 PDT 中核心成员角色时会有所

不同。例如，在通信行业中，由于交付和售后服务的重要性较高，一些企业会在 PDT 中设置售后代表角色。这些售后代表在项目初期就参与其中，提供产品可服务性评估，并在产品设计过程中进行可服务性方面的评审。同时，售后代表将设计和交付两个主要环节进行衔接，减少双方因沟通不畅而引发的一系列问题。此外，还有一些企业会在 PDT 中设置销售代表角色，以实现产品研发和销售工作的紧密衔接。

最后需要强调的是，并非所有企业都需要设置如此多的角色。企业应根据自身的实际情况，酌情选择 PDT 中的代表角色。

10.3　案例 10-1：一家知名企业是如何进行项目管理变革的

1. 背景

本案例中的企业即案例 3-1 中的企业。案例 3-1 介绍了笔者团队为该企业提升需求管理能力的内容。事实上，笔者团队为客户提供的 LIPD 体系方案，除了提升客户需求管理能力外，还可提升很多其他方面的能力，包括项目管理能力的提升。

在笔者团队进入客户企业时，公司的产品项目管理采用的是极弱矩阵模式，几乎等同于职能制项目管理模式。具体表现在：每个项目都设有项目经理，但其归属于研发部门，并由研发部门经理指定；项目经理主要负责任务协调和推动，无权考核项目成员，也无需对项目成败负主要责任；项目团队由跨职能的多领域成员构成，然而除研发人员外，其他各领域成员的任务都不够清晰。此外，项目管理中还存在考核不科学、缺乏项目激励等问题。总之，公司项目管理还是研发部门经理主导，具备了一定矩阵式管理模式，但实际上更接近职能式管理模式。

随着公司研发的产品越来越复杂，跨职能领域的沟通和协调工作越来越多，这种项目管理模式带来的弊端逐步影响到产品的交付。

2. 变革

在我们给客户构建的 LIPD 体系方案中，项目管理的变革方案是其中的重点内容。方案主要包括如下一些内容。

（1）建立项目经理负责制

项目经理负责制通过"四强"机制进行保障。所谓"四强"，是指"强人、强权、强责和强激励"。

- ❑ "强人"就是选择优秀的人来担任项目经理，并给项目经理设置额外晋升通道。在此之前，由于项目经理这个职位的无权、无责、无利"三无"特点，部门中很多优秀的员工对于担任项目经理并没有很强的意愿，他们更愿意朝着部门经理的职位发展。但是给项目经理增加额外的晋升通道后，大量优秀员工选择担任项目经理的职位，这样为公司选拔项目经理提供了充足的候选人。
- ❑ "强权"就是赋予项目经理跨职能调动资源并对项目成员考评等的权力。
- ❑ "强责"就是项目经理对项目的成败负责。
- ❑ "强激励"就是公司为产品研发项目增加项目奖金包，并赋予项目经理分配项目奖的权力。

"四强"机制从项目经理的能力、责、权、利等方面进行了

系统的设计，确保项目经理能够真正做到对项目负责并调动项目
经理的积极性，如图 10-3 所示。

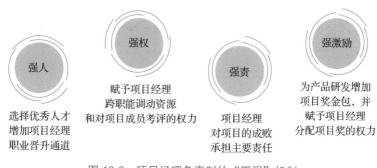

图 10-3　项目经理负责制的"四强"机制

（2）建立跨职能的矩阵式管理机制

在职能制项目管理模式中，每个项目成员由职能部门负责人
进行管理和安排任务，即使项目中有项目经理这个角色，但项目
经理对项目成员的影响力非常有限。

LIPD 体系方案引入了跨职能矩阵式管理机制。这一机制从
制度上明确了在项目运行过程中的职责划分：项目经理负责计
划、分工、督促、检查以及评估项目范围内的任务，并对项目成
员的表现进行考评。这样的设计确保了项目经理真正承担起项目
管理的职责。然而，对于员工来说，除了某个项目的任务外，他
们可能还承担了其他项目的任务，甚至还有部门的一些能力建设
任务。因此，当本项目任务和其他任务发生冲突时，项目经理需
要和部门负责人进行沟通、协调。如图 10-4 所示，项目成员一
方面向部门汇报（如图中纵向关系），另一方面向项目经理汇报
（如图中横向关系）。

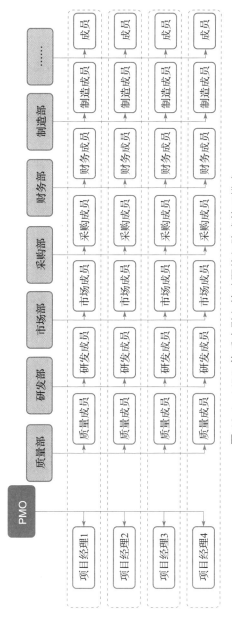

图 10-4 LIPD 体系中引入的跨职能矩阵式管理模式

（3）建立各职能领域代表的任职资格体系

项目经理负责制的跨职能矩阵式管理模式，除了对项目经理能力的要求较高之外，还对各职能领域代表的能力和素质的要求较高。因此，如10.2节内容介绍，我们也为客户设计了相关代表的任职资格体系。有了任职资格体系，在组建项目团队时，项目经理选择核心成员就有了一定的依据。同时，职能部门也可以根据任职资格体系制订人员培养计划，有针对性地培养合格甚至优秀的职能领域代表。

我们团队为客户设计的任职资格体系标准比客户当前具备的人才储备能力会更高一些。这种考虑一方面是基于项目对核心领域代表人才的客观要求，另一方面也为部门人才培养提供了方向和目标。事实上，第一批 LIPD 体系方案试点项目中，大部分核心领域代表能力和任职资格体系相比较存在一定差距。但是，在项目试点一年后，我们回访客户，与部分核心代表进行了交流，发现在实际项目的锻炼下，他们的能力得到了迅速提升。因此，在为企业设计任职资格体系时，适当提高一些标准会更合适。这样哪怕初期降低标准使用人才，但是经过项目的实际锻炼，这些核心成员的能力和素质很快能达到任职资格的要求。

（4）设立 PMO 为项目管理体系变革保驾护航

在变革前，产品研发项目经理的组织关系在研发部门，项目经理向研发部门领导汇报。在这次变革方案中，我们为客户设置了 PMO，项目经理从研发部门调到 PMO。PMO 的级别和研发部门同级，但是由研究院院长兼任 PMO 部长，显得比其他部门"高半级"，体现了 PMO 的重要性，如图 10-4 所示。

PMO 成为项目经理的新"娘家"之后，项目经理在进行项目管理时，对待研发领域的工作和其他领域如质量、采购、生产领域的工作一视同仁，更有利于项目工作的开展。此前，项目经理在研发部门时更重视研发工作而在一定程度上忽视了其他领域的工作。这导致了其他领域代表认为自己是来"帮忙"的。同时，由于有 PMO 做后盾，项目经理在和其他部门领导沟通和交流时，地位也会更加平等。这对于项目经理获得职能部门的支持非常有利。此外，PMO 的职责还包括建立项目经理的成长路径和培养体系、对产品研发流程的监控和支撑等，真正做到为项目管理体系变革保驾护航。

3. 取得成果

一年后，我们团队受客户邀请进行回访和培训。通过和客户的交流，我们了解到客户在很多方面发生了变化。项目管理的提升主要表现在以下一些方面。

1）**项目经理的责、权、利清晰**。项目经理真正做到了对项目的成败负责。公司重大项目都会举行项目经理带领核心团队和 CEO 签约仪式。这不仅给项目经理和核心团队压力，也体现了高层对于项目团队的支持。

2）**关键岗位核心员工能力大幅提升**。这印证了在实战中培养员工是最有效的方法。

3）**公司已初步树立起跨职能管理的意识**。在项目经理负责制的矩阵式项目管理试点后，公司逐步接受了跨职能项目管理方法。

4）**项目管理的规范性得到了提升**。这次变革对项目管理的流程和一些关键的规范做了补充和完善。例如，立项的规范性、产品成本和项目费用的管控等都得到了加强。通过和部分项目经理交流，他们反馈研发经费浪费现象已经大幅减少，产品成本管控水平也在逐步提高。

此次项目管理变革除了取得以上成果之外，在研发效率、研发流程规范性方面也有改进。

4. 案例启示

1）建立项目经理负责制，让项目经理真正对项目的成败负责，并配套制度、组织和流程体系来支撑。

2）企业项目管理从职能制项目管理模式到跨职能矩阵式管理模式转变过程中，最难的是意识的转变。项目管理模式转变除了需要制度、流程和组织的支撑外，可以采取循序渐进的方式。比如从职能制管理到弱矩阵管理模式，再根据需要逐步增强项目线的"话语权"，这样遇到的阻力会更小。

10.4　本章小结

1）跨职能项目管理负责人需要具备领导力、人际交往能力、目标导向意识和专业能力，并对项目有激情，受人尊敬。

2）产品研发项目负责人理论上可来自任何职能领域，只要符合项目负责人的条件即可。

3）产品研发项目团队即 PDT。PDT 中核心成员由各职能领域的代表组成。不同企业中，PDT 核心代表设置可以不同。

4）PDT 中核心成员角色包括研发代表、市场代表、财务代表、采购代表、制造代表和质量代表。每个角色除了需要具备相应的专业经验、知识和能力外，还需要具备对应的通用能力。

☞ **实务经验**

矩阵式组织模式下的产品研发对项目负责人和项目核心成员的综合能力有较高的要求。相较于按照各个角色的任职要求进行专项能力的培养，项目实战中提高各个角色的能力是一种更为高效的方式。

第四篇　研发资产管理和产品生命周期管理系统

　　研发资产是科技型企业的重要资产，需要有合适的 IT 系统进行管理，才能最大限度发挥价值。

　　第 11 章主要介绍企业中常见的研发资产应该如何管理。第 12 章介绍产品研发管理中最常用的 IT 工具——产品生命周期管理系统的体系架构和主要功能。

研发资产管理

　　研发资产是企业尤其是科技型企业核心的竞争力之一。管理好研发资产是提升企业竞争力、市场份额、盈利能力和品牌影响力等的重要手段。

　　本章介绍的研发资产管理主要包括文档、BOM、软件、知识产权、研发知识等方面资产的管理。这些研发资产管理方法也可供企业中非研发类型资产管理参考。

11.1　文档管理

　　研发类文档是企业中最重要的研发资产之一。相比代码、

BOM 和电路图等研发资产，文档的可阅读性和可传播性是最强的。因此，文档管理是研发资产管理中非常重要的工作。企业文档管理内容如图 11-1 所示。

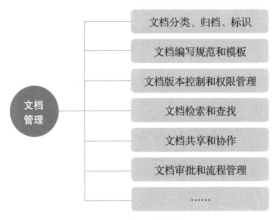

图 11-1 企业文档管理

本节对其中的部分内容进行介绍。

1. 文档分类、归档、标识

文档分类是将文档按照一定的分类标准进行划分，例如按照文档的主题、类型、格式、部门等进行分类。通过分类将相似的文档归为一类，方便使用者查找。以按类型划分为例，研发类文档可以分为需求类、方案类、设计说明类、测试类、试制类和生产类等。在此基础上，文档还可以继续细分，例如设计说明类文档还可以细分为硬件设计说明书、软件设计说明书等。测试类文档可以细分为测试方案、测试规程、测试计划和测试报告等。文档应该分类到哪一层，取决于企业的管理需要。

文档归档是将已经分类好的文档进行整理和存档，通常是将文档按照一定的规则进行归档。例如，按照项目的方式归档，可创建一个以项目名称命名的文件夹，将该项目的所有相关文档放入其中，然后再按类归集，如上文介绍的需求类、方案类、设计类文档等。此外，我们还可以按其他规则，如时间顺序、主题规则进行归档。归档可以减少工作空间的占用，同时也方便后续的检索和查找。好的文档管理工具（如 Google Docs 等）可以大大提升文档归档后的查找和检索效率。企业可根据实际需要选择合适的文档归档工具。

标识是为文档添加特定的标记或标签，以便识别和区分。文档标识可以通过文档标题、编号、作者、状态、关键字等来区分，例如，如果需要查找某个人写过的所有文档，可以通过作者这个标识快速查找。同样，如果希望查找系统方案中的某篇文档，可通过查找标题时输入关键字"系统方案"，再从中找出符合需求的系统方案文档实现，这样通过标识可以快速定位和识别文档。标识可以根据需要进行添加、修改或删除，以满足不同的管理需求。

2. 文档编写规范和模板

文档编写规范和模板是为了统一文档的格式和内容，提高文档的可读性和可理解性。文档编写规范可以从文档的标题、目录、正文、图表、引用和参考文献等方面进行规定。以文档标题的规范性为例，我们应使用清晰、简洁的标题，突出文档的主题，另外还可以使用不同级别的标题来组织文档的结构。

为了进一步提高文档编写的效率和一致性，企业还可以编制文档模板来规范文档的格式和内容。文档模板可以包括标题、目录、正文结构、示例代码等内容，支持用户根据需要进行调整和修改。图 9-3 是笔者团队为某客户编制的"项目任务书"模板的目录部分。

建议企业针对每个重要的文档编制好模板，同时要考虑文档的升级和业务的变化，把握好模板内容的详略。

3. 文档变更和版本控制

文档变更是指对文档进行修改、更新或修订的过程。当项目最终的方案、设计、测试等具体情况和文档内容不一致时，文档就需要进行变更。实际上，大部分研发类文档会变更。文档内容的变更必然涉及文档版本变更和控制问题。

文档版本控制的主要目的是确保文档的完整性和一致性，并提供一个可追溯的历史记录。做好文档版本控制可以帮助团队成员协同编辑文档，避免冲突和重复工作。文档版本控制系统还具有提供备份和恢复的功能，以防数据意外丢失。

做好文档版本控制最主要做好两件事情：一件是制定文档版本控制的规则和制度，另一件是选择合适的文档版本控制系统。

在文档版本控制规则中，以版本号规则为例，企业需要规定主版本号规则、次版本号规则以及修订版本号规则等。

- ❑ 主版本号规则：通常用于表示重大的变更或功能的重大更新。当进行重大的结构性变更或者引入不兼容的新功能时，主版本号应该递增。
- ❑ 次版本号规则：通常用于表示较大的功能更新或者一些向后兼容的变更。当添加新功能或者进行一些向后兼容的修改时，次版本号应该递增。

❑ 修订版本号规则：通常用于表示一些小的修复或者补丁。当进行一些小的修复、错误修正或者添加补丁时，修订版本号应该递增。

此外，版本控制规则还需要和选择的文档版本控制系统功能相关。

文档版本控制系统是文档变更和版本控制的 IT 支撑工具。常见的文档版本控制系统包括 Git、SVN 和 Mercurial 等。

4. 文档安全和权限管理

研发类文档是企业重要的研发资产，因此保护文档的安全性非常重要。要保护文档的安全，做好文档的权限管理是一个非常有效的方法。所谓"文档安全和权限管理"，是指对文档进行保护和控制访问权限的一系列措施。它包括但不限于文档加密、访问控制、用户身份验证、权限分配、版本控制、备份和恢复等措拖。

文档安全和权限管理是在企业制定安全和权限规则基础上，主要通过使用 IT 系统和工具来实现。金山文档保险箱、阿里云文档保险箱、McAfee Data Protection、Microsoft Azure Information Protection 等都是非常好的企业级文档安全管理工具。通过有效的文档安全和权限管理，我们可以保护文档的机密性、完整性和可用性，防止未经授权的访问和篡改，确保文档的安全性和合规性。

5. 文档的审批

文档的审批是指对文档进行审核和批准。在企业中，文档审批通常是为了确保文档的准确性、合规性和一致性。

文档审批的一般流程如下。

作者或相关人员提交文档，审批人或审批部门对文档进行审核（包括检查文档的内容、格式、完整性等）。审批人或审批部门根据审核结果决定是否批准文档。如果文档被拒绝，审批人或审批部门提供反馈意见，作者或相关人员根据反馈意见进行修改，并重新提交文档。如果修改后的文档满足要求，审批人或者审批部门最终批准文档并通知相关人员文档的状态。最后，批准后的文档会被要求按照相应的规则归档。

文档管理除了以上内容，还包括文档的检索、查找、共享、协作，以及生命周期管理等。

11.2　BOM 和物料管理

1. BOM 的分类

BOM 即物料清单，也是企业重要的研发资产。BOM 根据生成的时间顺序和用途不同，可分为很多种类型，如工程 BOM（Engineering BOM）、工艺 BOM（Process BOM）、制造 BOM（Manufacturing BOM）、服务 BOM（Service BOM）、销售 BOM（Sales BOM），以及采购 BOM（Purchasing BOM）等。

在这些 BOM 类型中，工程 BOM、工艺 BOM、制造 BOM 非常重要，因为它们是研发的产物和制造的基础，同时工程 BOM 也是其他一些 BOM 的基础。

工程 BOM 也被称为设计 BOM，指在产品设计阶段，根据产品的功能和规格要求，列出产品所需的各种零部件、材料和工艺的清单。

设计 BOM 包括产品的组成、零部件数量、规格、材料、供应商等信息。设计 BOM 由研发工程师负责提供。

工艺 BOM 是指在制造过程中所需的材料、零部件和工艺流程的清单。它记录了产品的组成结构、材料规格、零部件数量和工艺要求等信息，用于指导生产过程中的物料采购、加工和装配。因此，设计 BOM 是工艺 BOM 的基础，工艺 BOM 是设计 BOM 的延伸和补充。工艺 BOM 由工艺工程师负责提供。

制造 BOM 是在工艺 BOM 基础上进一步细化和扩展的 BOM。它包括更加详细的制造信息（如工艺顺序、工时、制造工具和设备等），它提供了制造人员所需的具体指导和信息。制造 BOM 由制造工程师负责提供。

在产品研发过程中，首先创建设计 BOM，然后基于设计BOM 创建工艺 BOM，接着基于工艺 BOM 创建制造 BOM。这三种 BOM 之间的关系如图 11-2 所示。

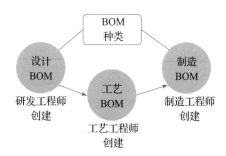

图 11-2　设计 BOM、工艺 BOM 和制造 BOM 之间的关系

需要强调的是，不同企业和行业可能会有一些特定的 BOM类型，企业应根据实际情况进行分类和使用。在介绍完 BOM 分类后，接下来介绍 BOM 管理。它们包括创建和维护 BOM、物料的选择、物料替代和变更管理，以及 BOM 版本控制等。

2. 创建和维护 BOM

BOM 管理的第一步是创建 BOM。创建 BOM 后,我们需要持续维护,确保 BOM 中包含所有必要的物料和工具,并及时更新 BOM,以反映产品设计的变化。

BOM 包括但不限于零部件种类、零部件属性、零部件关系、零部件供应商,以及零部件成本等内容。在创建和维护 BOM 的过程中,我们需要注意如下一些事项。

- ❑ **数据一致性**。BOM 中的数据应与其他相关文档和系统保持一致,如 CAD 图纸、ERP 系统等,确保各个系统之间的数据一致性,避免信息冲突和错误。
- ❑ **管理权限**。BOM 的创建和维护应有明确的管理责任人。只有经过授权的人员才能进行 BOM 的修改和更新,以确保数据的安全性和准确性。
- ❑ **文档备份**。定期备份和存档 BOM,以防数据丢失或损坏。备份可以是电子备份或纸质备份,确保 BOM 的可靠性和可恢复性。
- ❑ **定期审查**。定期审查和验证,以确保 BOM 的准确性和适用性,提高生产效率和产品质量。

3. 物料的选择

物料选择有 3 个指标非常重要,分别是物料的优选率、替代率和通用率。

- ❑ 优选率:是指某一产品在 BOM 中优选物料占所有物料的比例。优选率越高,说明该产品 BOM 在质量、成本、可采购和可制造等方面更优。

❑ 替代率：BOM 中具有相同规格并可以完全替代的物料数量占所有物料的比例。替代率越高，说明物料的选择和替代可以更加灵活。

❑ 通用率：是指 BOM 中通用物料占所有物料的比例。通用物料指可以在不同产品或系统中通用的零部件或材料。通用率越高，说明物料的可靠性和成本控制等会有优势。

4. 物料替代和变更管理

当原有物料不可用或需要替换时，我们需要进行物料替代和变更管理。物料的可替代性设计非常重要。它不仅可以避免物料独家带来的供应链安全风险和高成本问题，还增加了和供应商谈判的筹码。因此，在产品设计中应尽可能避免选择独家物料，确保物料之间完全可兼容并可替代。如果必须要选择独家物料，企业需要评估供应商、物料本身可能给项目带来的风险，并作为项目风险进行管理。

笔者曾经管理过一个通信产品项目。该项目的目标是研发一款商用的微波通信产品。由于这个型号产品的收发频率比较高，达到了 70GHz。在当时，这么高频率的发射器、接收器芯片的研发难度非常大，全球只有美国企业 A 宣称可以研发出来，并给出了交付工程样片的时间。作为全球领先的通信设备公司，希望该型号的通信产品能够领先于同行推出来。因此，在没有其他可替换方案的情况下，该公司启动了新产品的开发，并把这个芯片的供应问题列为项目风险中最高的一个。但是到了交付芯片的时间点，A 公司的芯片交付延期了，并且后续承诺的交期多次延误。项目组在等了将近半年的时间后，另一家规模更大、在这个领域实力更强的 B 公司宣布了交付芯片的时间点。同时，A 公司告知我们，这颗芯片研发存

在一些关键技术难以克服的问题，宣布研发失败。后来，我们对 B
公司的芯片做了详细评估，并把项目方案修改成 B 公司的方案，最
后项目获得成功。今天，这个产品已经在全球多个国家实现商用。

回顾这个真实的案例，我们当时在立项时已经考虑到了这个
最重要物料没有替代方案带来的风险。然而，项目优先考虑的是
产品的定位和抢先发布的时机，因此选择了承担风险并启动了项
目的研发。尽管风险最终变成了现实，导致公司推出产品的时间
推迟了，但前期的投入也为采用 B 公司方案做了大量的准备，这
使公司在采用 B 公司方案后能够快速推出产品。

当物料进行替代和变更时，项目组需要对 BOM 做好变更、
更新和相关文档管理。要做好物料的变更管理，不仅需要有机制
和流程，还需要有合适的 IT 工具。

5. BOM 版本控制

BOM 的变更会影响到 BOM 版本的升级，因此需要对 BOM
进行版本控制，确保每个产品的 BOM 版本都能被准确地追踪和
管理。当有新的产品设计或变更时，项目组需要创建新的 BOM
版本，并记录变更的原因和影响。

BOM 版本控制需要制定相关规则，例如 BOM 版本号的命
名和变化规则等。此外，使用合适的 IT 工具仍然至关重要，例
如 PDM 和 ERP 等系统是管理 BOM 版本非常好用的工具。

11.3 软件版本管理

软件版本管理涵盖对软件版本的控制、发布、维护和更新，

以及与之相适应的软件版本控制系统等，具体包括但不限于版本号、版本发布、版本分支、版本合并、版本回滚、版本更新以及版本控制系统等的管理，如图 11-3 所示。

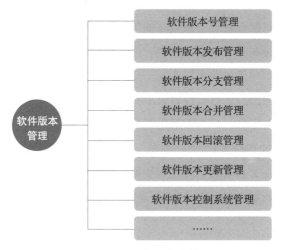

图 11-3　企业软件版本管理

本节对软件版本管理的部分内容进行介绍。

1. 软件版本号管理

软件版本号是用来标识软件不同版本的一串数字或字母。版本号的格式可以根据具体的需求和约定来定义。常见的版本号的格式包括数字（如 1.0.0）或者带有字母和日期（如 V1.0.1_0101）等。版本号的管理可以帮助开发者和用户追踪软件的更新和改进。

为了实现更加完善的版本号管理，我们可以将版本号分为主版本号、次版本号和修订版本号等。当软件架构发生重大变更或新增重要功能时，主版本号会相应地增加。当软件进行较小改进或添加新功能时，次版本号会有所增加。当软件出现错误或漏洞时，修订版本号会有所调整。

版本号的管理是由开发者通过版本控制系统（如 Git、SVN）来实现的。当发布新版本后，开发者会更新版本号，并同时记录版本的变更内容和日期。用户可以通过查看软件的版本号来了解软件的更新情况，然后决定是否升级到新版本。

2. 版本发布管理

在软件经过开发、测试和故障修复后，我们认为新版本已经稳定且相较旧版本有一定的功能改进和性能提升，就会决定发布新版本。

新版本的发布并不意味着旧版本一定需要废除。一方面是因为不同版本可能有不同的应用场景，例如对于工业行业，在不同的应用场景需要不同的软件功能，规划一个大而全的功能版本，性价比很低，也不现实。另一方面是因为升级版本是一件工作量比较大且比较复杂的事情，例如对于电信行业，每次升级版本的时间都非常长，而且很容易出问题。因此，如果客户没有升级需求，旧版本仍旧可以使用，此外，某些软件版本只能对应某个硬件版本，旧版本仍有一定的价值。

当然，版本的分支越多，版本的管理越复杂，也越容易出错。因此，前期的版本规划非常重要。

3. 版本分支管理

版本分支管理是软件开发过程中的一种管理方法，用于同时处理多个代码版本的开发和维护。它允许开发团队在不同的分支上独立进行开发，以便同时进行多个功能的开发、故障修复和版本发布。

版本分支虽然能带来很多好处，但也会给版本管理带来一些困难。例如，两个不同的分支版本合并到主版本或者其他分支版本时，可能会导致代码冲突和合并错误。再例如，在分支管理过程中，随着版本分支数量的增加，分支之间的关系也会变得更加复杂，这就需要合理规划和管理分支，确保每个分支的目的清晰，避免分支混乱和冲突。此外，版本分支管理对团队成员之间的协作和沟通提出更高的要求，这些要求包括对分支管理的规范和流程有清晰的理解和严格的遵守等。

要做好分支管理，首先需要确定分支策略，如主分支、开发分支以及修复分支等的功能和作用。接下来根据分支策略，在合适的时机创建相应的分支。创建好分支之后，我们就可以在各自的分支上开发相应的版本。在这个过程中，我们需要做好不同分支开发团队之间的沟通和协作，并以规范的文档记录版本的功能和变更等。总之，好的版本分支管理需要明确的策略、合理的分支结构、团队协作和文档记录等方面的支持。

4. 版本回滚和恢复管理

版本回滚是指将软件从当前版本恢复到之前的某个版本，版本恢复是指将软件版本从损坏或不可用的状态恢复到之前的某个版本。虽然都是恢复到之前某个版本，但两者的目的和操作方式有所不同。

版本回滚的情况包括新版本存在严重的故障或功能缺陷，且影响正常的使用，或者新版本的性能表现不如预期等。这时，采取版本回滚策略是稳妥的。但如果发生了软件崩溃、数据丢失或系统故障等情况，版本恢复是稳妥的。

无论版本回滚还是版本恢复，都需要版本控制系统和备份机制来记录和保存之前的版本信息。

5. 版本控制系统

以上介绍的版本管理手工完成效率很低甚至难以做到，选用合适的版本控制系统能提升版本管理的效率和效果。

版本控制系统（Version Control System，VCS）是一种用于管理、跟踪软件开发过程中的代码版本的工具。它具有记录代码的修改历史、协调多人协作开发、恢复代码到之前的状态、分支和合并代码等功能。

VCS 可以追踪代码的每一次修改，包括添加、删除和修改文件，以及每个修改的作者和时间。它可以帮助开发团队更好地协同工作，避免代码冲突和重复工作。同时，VCS 还提供了备份和恢复功能，以防代码丢失或损坏。

VCS 可以分为集中式和分布式控制系统。所谓的"集中式控制系统"，是指采用集中管理的服务器，保存所有文件的修订版本。上文介绍的 SVN 就是集中式控制系统的一种。

SVN 的优点是便于统一管理，在处理大型代码库和大型团队协作时可能更加稳定和可靠。SVN 的缺点是中央服务器的单点故障问题。如果服务器宕机，那么就会出现谁都无法提交更新的情况，即无法协同工作；或者磁盘发生故障，而备份又不够及时，那么就有丢失数据的风险；最坏的情况是丢失整个项目的历史更改记录。为了弥补集中式控制系统的缺点，分布式版本控制系统诞生。

在分布式版本控制系统中，客户端不仅仅是提取最新版本的文件快照，而是将代码仓库的完整镜像下载下来。上文介绍的 Git 就是分布式控制系统的典型代表。在分布式控制系统中，每一次提取操作相当于对代码仓库进行了一次完整备份。这样，开发者可以在离线状态下工作，并且可以在本地进行快速的版本控制，也不必担心协同工作时服务器发生故障的情况。

集中式和分布式控制系统各有特点，企业可以根据自己的业务情况选择适合的版本控制系统。

11.4　知识产权管理

知识产权管理是指对知识产权的全面管理、保护以及运营等，包括但不限于知识产权策略、知识产权获取、知识产权保护、知识产权运营等内容，如图 11-4 所示。

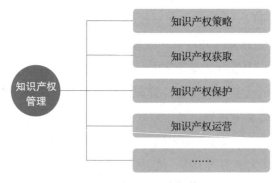

图 11-4　企业知识产权管理

在介绍企业知识产权管理之前，先介绍企业知识产权分类。

1. 企业知识产权分类

企业知识产权是指企业对其创造的知识和创新拥有法律权利，分类如下。

（1）专利权

专利权是一种对发明的独占权，包括发明专利权、实用新型专利权和外观设计专利权。发明专利权保护新的技术、产品或方法，主要体现新颖性、创造性和实用性。实用新型专利权保护新的实用性产品或方法，但保护的范围较窄，只保护有一定形状或结构的新产品，不保护方法以及没有固定形状的物质。实用新型技术方案更注重实用性，技术水平较发明而言，要低一些。外观设计专利权保护产品的外观形状、图案等。外观设计权与发明专利权、实用新型专利权有着明显的区别。外观设计权注重的是设计人对一项产品的外观所做出的富有艺术性、美感的创造，但这种具有艺术性的创造不是单纯的工艺品，它必须具有能够为产业上所应用的实用性。专利是科技型企业重要的知识产权。

（2）商标权

商标是用于区分企业商品或服务的标识，包括文字、图形、颜色、声音等。商标可以保护企业的品牌形象和市场竞争优势。例如企业常见的商标包括商品商标、服务商标、证明商标等。企业的名称和LOGO都可以作为商标，一旦申请成功就可以获得法律的保护而不能被其他企业使用。

（3）商业秘密权

商业秘密是指企业的商业信息和技术信息，包括研发成果、客户列表、销售数据、产品成本和生产工艺等。保护商业秘密可以防止竞争对手打破企业的核心竞争力。商业秘密是科技型企业核心的竞争力。

知识产权除以上几种常见的类型外，还包括著作权、集成电路布图设计专有权和地理标志权等。

2. 知识产权策略

企业的知识产权策略是企业处理知识产权的整体规划，属于战略层面的行为。在专利方面，企业可以选择对核心的技术申请专利或不申请专利，对已有的专利进行保护、授权许可或交叉授权等。在商标方面，企业可以选择是否注册商标。在商业秘密方面，企业可采取一些策略来保护商业秘密，如与员工签署保密协议、限制员工和合作伙伴的访问权限等。在交流与合作方面，企业可以通过技术交流和合作来获取其他企业的技术和知识。同时，企业也可以制定合适的合作协议来保护自己的知识产权。

一些规模较大的科技型企业一般都会有知识产权战略，而知识产权策略是对知识产权战略的分解，在策略之后就是知识产权行动的计划和具体的落地执行。

3. 知识产权保护

保护知识产权是知识产权策略之一。一般来说，商业秘密是每个企业都希望保护的，但对于专利，并不是所有企业采取保护策略。例如希望打造产业生态的领导者企业、行业绝对领头羊企业，可能会采取公布一些专利的策略。但总体上，保护知识产权是企业的主要策略。那么，企业可以采取哪些策略来保护好自己的知识产权？

首先，在宏观层面可以通过法律，如《专利法》《商标法》《著作权法》等来保护知识产权。

其次，具体到企业的微观层面，可以在企业内建立知识产权保护机构如知识产权部（负责知识产权的登记、保护和维权工作），为企业提供专业的知识产权保护服务。另外，可以利用一些技术手段，如数字水印、加密技术以及上文提到的权限设置等，对知识产权进行保护，防止盗版和侵权行为。最后，加强企业知识产权保护意识也非常重要。有些企业通过全体员工培训、考试等反复宣贯和考核的方式，建立全员保护知识产权的意识。

4. 知识产权运营

知识产权运营是指将知识产权作为一种资源进行有效的管理和运营，以实现经济效益和市场竞争力提升。它包括知识产权的市场化运作、商业化利用、技术转移、合作开发等方面的活动。知识产权运营的目标是通过有效的运作，使知识产权发挥更大的作用。知识产权管理的目标是确保知识产权的合法性和有效性，防止知识产权的侵犯和滥用。因此，知识产权运营和知识产权管理的侧重点不同。

专利的出售/转让、技术的转移以及技术的合作开发是知识产权运营的重要工作。不同企业的商业模式不同、技术能力不同，决定了企业对知识产权运营的策略也不同。例如，对于生产制造型企业，由于它的商业模式以制造为主，核心竞争力是把制造的成本尽可能降低以保持竞争力。在研发方面，生产制造型企业的投入很少甚至没有投入。如果企业需要更新或者升级一些技术，它可能会采取购买的方式，比如购买专利、配方或者技术等。如果企业的商业模式是以授权技术、专利为主，那么知识产权的运营就是公司的主要战略。对于大部分高科技企业来说，积累技术更多的是为自己所用，专利布局也多以防守为主，或者和同行进行交叉授权，以确保产品能够在市场上销售而不用交专利授权费。在这些领先的企业中，有一部分企业（如华为）不仅以销售产品和提供解决方案为主业，还会通过专利授权来获取额外的利润。

所以，企业应该根据自己的商业模式特点以及技术发展水平来制定知识产权运营策略。

11.5 研发知识管理

企业的研发知识管理是指企业对研发过程中产生的知识进行有效的收集、整理、存储、传递和应用等管理活动。它包括但不限于研发知识获取、知识分类和整理、知识传递和分享、知识保护和应用、知识文化、知识管理工具等。本节将重点介绍其中的部分内容。另外，尽管本节主要介绍的是研发知识管理，但它也可以为其他领域的知识管理提供借鉴。企业研发知识管理内容如图 11-5 所示。

1. 知识分类和管理

知识分类是指企业建立知识库或知识管理系统，将获取、积累的知识进行整理、分类、归档和存储，以便后续的查找和利用。知识管理工具是指企业在进行知识管理中所使用的 IT 工具。

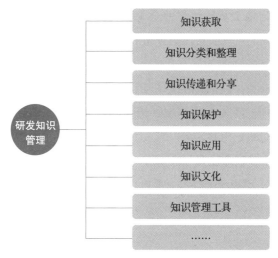

图 11-5　企业研发知识管理内容

　　企业运营过程中会积累大量的研发知识。如果这些知识没有得到有效的结构化管理，那么随着知识的增多，查找和利用的难度也会随之增加。因此，企业有必要对知识进行整理和分类。例如，并非所有的研发知识都需要被保存。此外，知识的重要性也应该被区分，因为并非所有的知识都具有同等的重要性。

　　以知识分类为例，企业需要为研发知识建立类别标签，每个知识项可以有一个或多个标签。这样，用户可以方便地使用不同的关键词进行查找。例如，上文提到的文档、BOM 和软件版本都可以按照类别进行区分。以文档为例，企业还可以进一步细分为需求类、系统方案类、设计文档类和报告文档类等。此外，知识还可以按照产品或项目的维度进行分类，在产品或项目的背景下，再进行专项分类，如文档类、代码版本类、经验与教训总结类等。

知识管理工具能够帮助企业显著提升知识管理效率。在 IT 系统中，我们可以实现之前介绍的知识分类方法和规则。这些 IT 工具不仅具备强大的搜索功能，而且在 AI 的辅助下，还能根据用户的需求和兴趣推荐相关的知识。举例来说，如果用户是一名硬件工程师，IT 系统能够根据用户的职级以及之前搜索的文档，推荐相关的知识内容，从而极大地提高获取知识的效率。

常见的知识管理 IT 工具包括 Confluence、Microsoft SharePoint 和 Evernote Business 等。企业可以根据自身的实际情况选择满足需求的知识管理工具。

2. 知识分享

知识分享是指企业通过内部培训、会议、讨论等方式，将知识传递给企业内部的员工，促进知识的共享。知识分享不仅可以提高整体团队的能力和工作效率，也可以增强员工的归属感和忠诚度。

知识分享虽然会占用员工一定的工作时间，但"磨刀不误砍柴工"，员工之间有效的经验分享和交流所带来的收获，会超过知识分享所需要的投入。但是，从另一个角度来看，如果员工之间的交流、分享是随意的、漫无目的的，那么企业所得到的收益将会打折扣。因此，如果企业想做好知识分享，需要提前进行策划、规划和组织，这样才能最大限度发挥知识分享的价值。

3. 知识应用

企业知识的搜集、分类、传递和分享等各种管理，最终目的是使知识得到有效的应用，将其应用于企业的产品开发、技术创新和业务运营中，从而提高企业的竞争力和创新能力。

在 9.1 节介绍的立项过程中，有一项工作是组织项目成员进行过程资产学习。这些过程资产除了包括公司的研发流程、研发规范、各种体系外，还包括类似项目的经典实践和典型教训等知识。项目成员学习过程资产就是典型的知识应用场景。

例如，企业设计的各种检查单（如评审检查单、代码规范检查表等）是经验积累的体现。企业把积累的知识和经验以检查单的形式，通过自检、评审、决策等方式应用起来。事实上，企业的各种研发制度也是知识应用的一种体现。

以各种研发规范为例，企业可以根据规范的重要性、价值等因素将其划分为不同的等级，并采用相应的策略，例如，可以将规范分为推荐和强制两类。推荐类规范通常表示遵循这一做法可以获得更好的效果，即使不遵循也不会导致出现严重的后果。强制类规范则表示如果不遵循这一做法，可能会导致出现严重的后果。对于较为重要的规范，最好将其导入 IT 工具并由工具执行，这样会更加高效。

4. 知识文化

企业知识文化是指企业内部对知识价值和重要性的共识和认知，以及在组织中推动知识共享、学习和创新等的一种文化氛围。它包括但不限于知识共享文化、学习型组织文化、创新文化、知识价值观等。

- ❑ 知识共享文化：企业鼓励员工之间分享和传递知识，促进知识的流动和共享。员工之间不仅要有意愿分享自己的知识和经验，还要有能力和机会进行知识交流。

❑ 学习型组织文化：企业鼓励员工不断学习和提高自己的知识储备和技能水平，培养学习的习惯和学习的价值观。员工被鼓励主动寻求新的知识和信息，并将其应用到工作中，从而不断创新和改进工作。

❑ 创新文化：企业鼓励员工提出新的想法和创新的方法，鼓励员工尝试新的方式解决问题和改进工作流程等。企业要营造一个容错和鼓励创新的环境，让员工敢于尝试和失败，并从失败中学习和成长。

❑ 知识价值观：企业要树立知识价值观，让员工认识到知识是企业的核心竞争力和重要资源。企业要重视知识的创造、获取、整理和应用，将知识视为战略资产，并将其纳入价值观和绩效评估体系。

知识文化是企业文化的缩影，它不是靠写在制度中进行强制性的规范，而是企业全体员工表现出来的共同行为和价值观。企业要建设好知识文化，需要考虑和企业文化的共同点和差异点。

11.6 案例 11-1：一家知名企业是如何做好知识应用的

1. 背景

2010 年，某知名企业无线产品研究院的研发部门进行组织架构调整，原有的几个主流无线产品 GSM、CDMA 和 WCDMA 的研发部门要求按平台化模式运行。虽然 GSM、CDMA、WCDMA 这三种产品在技术上存在差异，但它们之间的共性部分也非常多。减少"重复发明轮子"的工作量，把共性的技术和工作整合到平台，将大大提升产品的交付质量和效率。这也是本次组织架构调整的主要原因。

在对几个产品的设计部门进行平台化整合过程中，研究院高层发现，整合技术和方案的首要问题是各个设计部门的设计规范没有统一。设计规范的差异过大不仅增加了整合设计的难度，而且在共享设计和评审时也会产生许多问题。因此，高层决定在整合技术和方案的同时，用半年的时间来统一各个部门的设计规范。研究院的所有部门只要是同种类型的设计（如软件设计、硬件设计、结构设计等），都只能使用一套规范。

本案例以统一现场可编程门阵列（Field Programmable Gate Array，FPGA）设计规范为例，介绍该企业是如何对研发知识进行管理和应用的。FPGA是无线通信产品中需要用到且至关重要的一种芯片。在当时，许多无线通信的协议、技术和标准内容都是通过FPGA芯片实现的。因此，FPGA设计的水平、规范的科学性等因素对无线产品的功能和性能产生了巨大的影响。为了提高无线产品的性能，研究院将FPGA设计的经验、教训的积累和传播，以及规范的统一作为平台化建设的重要工作。

2. FPGA 的平台化建设

为了实现FPGA设计的平台化建设，几个设计部门的资深FPGA专家组成了虚拟的专家组，为启动FPGA的平台化建设工作做好了组织准备，然后启动FPGA的平台化建设工作。这些工作包括制定统一的FPGA设计规范、设计FPGA通用模块以及制定设计规范和通用模块的应用规则等。

（1）制定统一的 FPGA 设计规范

专家组评审了几个产品线中比较重要的项目后，结合工作经验和行业经验，输出 FPGA 设计规范初稿并在评审之后，最终确定了 90 多条设计规范。这 90 多条设计规范分为 3 类，分别是强制类规范、推荐类规范和提示类规范。其中，强制类规范表示必须要按照这个规范进行设计，没有遵守的话可能会引起重大甚至致命的故障。推荐类规范表示按照这个规范设计可以做得更好，没有这么做也不会出致命问题。提示类规范表示按照这个要求可以做得更加完美。这 90 多条设计规范是众多专家多年经验积累的体现，而这些专家代表了研究院在 FPGA 领域的最高水平。通过制定统一的 FPGA 设计规范这项工作，企业积累的知识有效地应用了起来。

（2）设计 FPGA 通用模块

基于无线产品 FPGA 功能模块的共性，研究院对常用的几个功能模块进行了整合。这些功能模块包括复位电路模块、时钟生成和分频模块、检测模块等。经过整合后，这些功能模块被统一为通用模块，并存储在通用模块库中，以供后续设计调用。

（3）制定设计规范和通用模块的应用规则

为了确保统一的设计规范得到充分的遵守，研究院制定了一系列规则进行保障。同时，研究院还购买了先进的 IT 工具 nLint，以代替人工检查，大大提升了检查效率，也保障了规范落实的效果。nLint 工具检查设计规范应用的结果如图 11-6 所示。

在具体规则方面，例如规定每位设计人员提交的设计代码和版本必须要通过 nLint 工具的检查，并附上 nLint 工具检查报告。检查报告中不能有强制类规范报错，推荐类规范和提示类规范报错数量必须少于规定的数量。在通用模块规则中规定，对于包含已有通用模块功能的设计，必须要调用通用模块，如果没有调用，需要解释不调用的原因，这样在代码检查中才能通过。此外，专家组还制定了 FPGA 设计规范和通用模块的维护和升级机制，以确保设计规范符合业务发展和产品的需求。

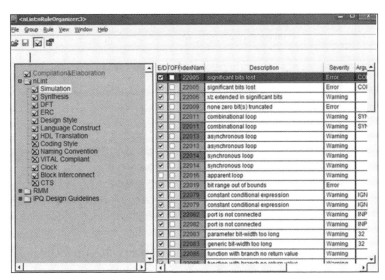

图 11-6　nLint 工具检查设计规范应用的结果

3.效果显现

半年以后，研究院开始对统一的 FPGA 设计规范进行试点，试点对象是新立项项目。凡是新立项的项目，无论是哪个类型的产品，必须遵守统一的 FPGA 设计规范。而对于已经商用的项目和即将完成交付的项目，考虑到交付的安全性，则维持原有的设计。

基于统一规范设计之后，不同的 FPGA 设计人员设计出来的代码风格趋于一致，代码的可阅读性比以前有了大幅度的提高。

这样便于对不同产品、不同项目进行代码走查、评审。由于新设计的代码的规范性都经过了 nLint 工具的检查，以前设计中的一些潜在 Bug，在工具提示下都得到了修复。因此，经过应用统一规范，无线产品的 FPGA 设计水平上了一个大的台阶。最直接的表现是在后续产品测试中，FPGA 有关的故障率出现了较大幅度的降低。此外，通用模块的调用在一定程度上也提升了 FPGA 的设计效率和质量。

试点项目的效果证明了统一规范的成效。因此，研究院所有新项目都采用统一的 FPGA 设计规范。

4. 案例启示

1）企业知识管理的目的是更好地应用知识。企业积累的经验只有应用起来才能转化为有效资产，而只有沉淀而未被应用的知识只是无效资产。

2）企业沉淀的知识资产，除了可以通过员工之间的分享和传播应用起来，还可以通过制定规则和规范等方式发挥价值。

3）企业制定的统一规范只有匹配合适的 IT 工具，才能发挥更好的效果。

11.7 本章小结

1）研发资产是科技型企业最核心的竞争力之一，管理好研发资产对于科技型企业至关重要。

2）对文档分类、建立各种合适的标签后进行归档，可大幅提升文档查找和应用的效率。

要做好文档版本控制，制定文档版本控制规则和制度、选择合适的文档版本控制系统两者缺一不可。

对未经审批的文档进行归档会降低文档的应用价值。

3）常见的 BOM 类别有工程 BOM、工艺 BOM 和制造 BOM 三种。这三种 BOM 的关系是先有工程 BOM，然后有工艺 BOM，再有制造 BOM。

BOM 的创建和维护需要注意数据一致性、管理权限、文档备份和定期审查等。

物料选择需要参考 3 个重要的指标：优选率、替代率和通用率。

4）软件版本号可以分为主版本号、次版本号、修订版本号等。Git、SVN 是当前软件版本管理比较常见的 IT 工具。

为了避免多版本共存导致管理混乱，我们需要对软件版本进行合理规划。

版本分支管理需要有相应的规范和流程，并要求相关人员对这些规范和流程进行充分的理解和遵守。

版本回滚和恢复需要版本控制系统利用备份机制来记录和保存之前的版本信息。

5）知识产权包括专利权、商标权、著作权、商业秘密等。

知识产权策略需要分解成具体的行动计划。

专利的出售 / 转让、技术的转移以及技术的合作开发是知识产权运营的重要工作。

6）对研发知识进行整理、分类是知识管理的前提。做好知识管理，需要合适的 IT 工具。

企业经过策划、规划和组织的知识分享带来的收益，会超过知识分享所需要的投入。

企业需要对各种研发规范划分等级，并针对不同的等级采取不同的策略。

☞ **实务经验**

❑ 企业的研发资产管理需要企业高层领导主导。

❑ 研发资产管理工作需要从顶层开始，建立科学、规范的管理体系。这个体系应该包括规范、制度、组织分工、考核和评估，以及改进机制等。在这个过程中，企业需要层层分解，确保每个环节都能得到有效执行。为了保障这个管理体系的运行，企业需要借助 IT 工具。

❑ 对于研发知识管理，除了建立管理规则和 IT 系统外，打造良好的知识文化至关重要。

产品生命周期管理系统

产品研发管理流程最终需要合适的 IT 工具进行管理,而产品生命周期管理(PLM)系统是最合适的管理工具。本章将介绍 PLM 系统的发展历史、PLM 主要厂商、PLM 系统结构和主要功能、PLM 系统的发展趋势,以及企业部署 PLM 系统的流程。

12.1　产品研发管理 IT 工具的重要性

产品研发的全流程管理包括产品开发流程管理、研发项目管理、研发资产管理、技术评审和决策等,涉及流程、计划、任务、资产等众多复杂的管理内容，仅仅依靠人工是很难实现的，必须要使用合适的 IT 工具进行管理。

当规模较小时，企业可以利用 Excel 和 Word 等工具来管理流程、制订计划并分解任务，利用邮件工具进行评审和决策，同时使用开源软件进行版本管理和知识管理。实际上，这也是大多数中小企业在产品研发管理中常用的方法。

当达到一定规模时，企业组织、流程和产品研发会变得更加复杂，如果继续使用 Office 系列工具和邮件等进行产品研发管理，效率将大大降低，甚至可能无法完成。这时，企业就需要采用专门的 PLM 系统来提高管理效率。

PLM 系统集成了产品研发流程，使产品研发流程严格按照节点执行，以降低产品研发的随意性。PLM 系统集成了产品数据管理（PDM），管理产品开发过程中所有的数据信息，如配置、BOM、文档、CAD（Computer Aided Design，计算机辅助设计）文件、权限信息等。此外，对 PLM 系统和 ERP 系统进行整合，可以把产品研发和企业经营关联起来，提升产品研发效率、质量，降低产品研发成本。

12.2 PLM 系统

1. PLM 的发展历史

从 PLM 的发展历程来看，从早期的 CAD 系统到 PDM 系统，再从 PDM 系统到 PLM 系统，共经历了 3 个重要的时期。

第一个时期（20 世纪 70 年代）：CAD 时期。20 世纪 70 年代，三维 CAD 系统开始在全球大型企业被广泛应用。但是，这个时期还没有产品数据管理的概念，各个厂商在各自的 CAD 系统上开发数据管理模块，只是为了解决数据集中存储和快速查询等问题，只能管理单一的 CAD 数据，无法实现开发流程的管理，更无法实现与外部系统的通信。

第二个时期（20 世纪 90 年代）：PDM 时期。随着企业信息化理念的不断深入及技术的进步，CAD 系统的数据管理功能已经无法满足企业的需求。PLM 系统供应商开始着手开发独立于 CAD 系统、具有产品数据管理能力的 PDM 系统。

第三个时期（21 世纪初至今）：PLM 时期。21 世纪初，专注于 PLM 市场的全球领先、独立的战略管理咨询和研究机构 CIMdata 提出了 cPDm（collaborative Product Definition management，协同产品定义管理）的概念。cPDm 满足了信息化时代产品开发由单一企业自主开发向广义企业或虚拟企业异地协同开发、制造和管理的要求。cPDm 不是单一的技术，而是建立在多种支撑技术基础上、具有传统 PDM 系统核心功能的多种软件能力的综合。这标志着产品研发管理进入 PLM 时期。

2. PLM 主要厂商

目前，西门子、达索、PTC、Oracle、SAP 等企业的 PLM 市场占有率位居前列，技术水平绝对领先，处于第一梯队。在我国，虽然这些国际巨头仍然占有大部分 PLM 市场份额，但本土也陆续诞生了一批 PLM 企业。这些国内 PLM 厂商经过多年的发展，逐步找到了差异化竞争优势，并在市场中站稳了脚跟。

目前，国内 PLM 厂商大致可以分为 3 类。第一类是老牌 PLM 厂商，它们以集成 CAX（包括 CAD、CAE、CAM 等）能力强、擅长管理产品研发过程数据等见长。这些厂商包括思普软件、天喻软件、华天软件、开目软件、艾克斯特、天河智造、中车信息等。第二类是有实施 PLM 服务背景的厂商。它们在推广、实施知名 PLM 系统的同时,开发了自主的 PLM 软件。基于长期的实施与咨询经验,它们聚焦企业的共性、深层次需求,不断提高自身的差异化能力。这些厂家包括湃睿科技、易立德、国睿信维、阳易信息、杰为软件等。第三类是进行产品线扩展的管理软件厂商。它们更注重企业经营一体化,通过把研、产、供、销、服的协同打通,助力企业整体经营绩效的提升,在实现 PLM 与 ERP、MES 等系统的集成方面具有优势。这些厂家包括用友、金蝶、鼎捷等。国内外主要 PLM 厂商如图 12-1 所示。

图 12-1　国内外主要 PLM 厂商

3. PLM 系统结构和主要功能

从 PLM 的发展历史可以看出,如今的 PLM 系统早已不仅仅是 CAX 和 PDM 系统那么简单,而是包含 CAX、PDM 功能在内并扩展到产品全生命周期管理。这也被称为"广义的 PLM 系统"。本节介绍的 PLM 系统主要指广义的 PLM 系统。

（1）PLM 系统结构

PLM 系统结构决定了实施的可应用性、可扩展性等重要的特性。类比互联网 OSI（Open System Interconnect，开放系统互连）模型，PLM 系统也可以划分出类似的结构，如图 12-2 所示。

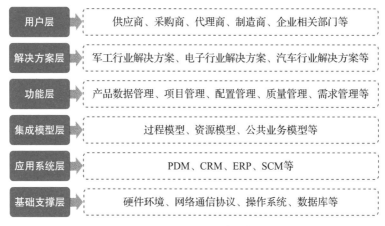

用户层	供应商、采购商、代理商、制造商、企业相关部门等
解决方案层	军工行业解决方案、电子行业解决方案、汽车行业解决方案等
功能层	产品数据管理、项目管理、配置管理、质量管理、需求管理等
集成模型层	过程模型、资源模型、公共业务模型等
应用系统层	PDM、CRM、ERP、SCM等
基础支撑层	硬件环境、网络通信协议、操作系统、数据库等

图 12-2　PLM 系统结构

- ❑ **基础支撑层**：基础支撑层包括硬件环境、操作系统、数据库、网络通信协议等，为系统业务逻辑、功能和应用提供底层的平台支撑。

- ❑ **应用系统层**：应用系统层包括 PLM 系统内的各应用系统，如 PDM、ERP、SCM（Supply Chain Management，供应链管理）等，通过集成、协同各应用系统实现 PLM 系统的信息产生、转换和共享等功能。

- ❑ **集成模型层**：集成模型层包括 PLM 系统的各种信息模型，通过建立模型间的逻辑关系，更好地支持不同阶段的信息开发。

❑ **功能层**：功能层实现了 PLM 系统的核心功能和关键技术。企业可以根据自身特点，完成功能模块化配置，实现系统数据流、过程流和资源流的协同管理。

❑ **解决方案层**：解决方案层包括不同行业的解决方案数据库。企业可以根据行业特点和需求，配置功能模块，完成定制化服务。

❑ **用户层**：用户层在解决方案层的基础上，给用户提供交互式界面（包括浏览器、对话框、各种功能菜单等），通过各种交流通道，满足不同用户的需求。

从 PLM 系统的结构可以看出，企业应用 PLM 系统时更关注第三层以上的结构。下面重点介绍功能层。

（2）PLM 系统的主要功能

PLM 系统主要功能包括产品数据管理（PDM）、项目管理、配置管理、质量管理、需求管理、协同管理、数据分析与报告等，如图 12-3 所示。

1）**产品数据管理（PDM）**。产品数据管理主要管理产品概念、计划、设计、测试、制造等各个阶段的数据，包括 CAD 模型、工艺文件、设计说明书、测试报告等。PDM 是 PLM 系统的核心功能之一。第 4 章、第 5 章介绍的产品开发流程和技术开发流程中产生的数据，都可以通过 PDM 功能模块进行管理。此外，BOM 清单、电路原理图、PCB 图、工艺路径的维护和升级，以及其他一些数据的变更，也都可以通过 PDM 功能模块进行管理。

下面以 11.1 节介绍的产品文档管理为例，说明 PDM 功能模块是如何对文档进行管理的。文档从创建到作者编写再到最后归档，一般包括文档创建、文档分类、文档编写、文档评审、文档审批、文档归档和文档发布等环节。除了文档编写和文档评审可以不需要在 PDM 功能模块中进行外，其他各个环节都可以在 PDM 功能模块中进行。因此，PDM 功能模块可管理各种文档。

图 12-3 PLM 系统的主要功能

2）**项目管理**。项目管理也是 PLM 系统的主要功能之一，包括项目立项、任务分配、计划管理和跟踪、交付物管理、风险管理、预算与成本管理以及资源管理等。第 9 章介绍的产品研发项目管理都可以在 PLM 系统中实现。

下面以 9.2 节项目成本管理为例，介绍 PLM 系统是如何实现项目管理的。如前文所述，项目在立项时确定了预算，并在某个时间点确定了产品的成本目标，比如 BOM 和制造成本目标。

一旦预算和成本目标确定了，后续成本管理就主要是对各项实际支出和实际成本进行核算，并和预算及成本目标进行对比，所以数据核算是非常关键的。但核算需要真实的支出数据。以研发材料和工、模、检、夹的支出费用为例，PDM 模块中有 BOM 的具体信息，如物料的厂家、型号规格、数量、价格等，因此，很容易核算出在每个阶段研发材料的实际支出费用。如果实际支出费用超标，企业需要审视项目管理过程中是否出现了异常支出，或者预算不准确，或者采购异常等。这对于预算管理是一个很好的辅助。产品的 BOM 成本管理也类似。当设计结束后，形成最终的 BOM 版本，PDM 系统很容易计算出 BOM 的实际成本。只要对比实际成本和目标成本，企业就可以分析出项目过程中的 BOM 成本管理是否存在问题，如果发现问题，可立即进行改进。

除了预算和成本管理，PLM 系统管理项目的计划和任务、资源以及风险等都比较容易实现。

3）**协同管理**。PLM 系统支持多人协同管理，包括资源协同、制造协同、设计评审、供应链协同、质量协同等。以 PDM 为例，协同管理团队可以共享和访问产品数据，包括设计文件、规格、材料清单等。这有助于团队成员之间的沟通和协作，确保所有人都使用最新的产品数据。再以供应链协同为例，协同管理可以帮助团队与供应链合作伙伴协同工作。团队成员可以与供应商、制造商和分销商共享信息，以确保供应链顺畅运行。

4）**数据分析与报告**。数据分析与报告包括数据收集和整理、数据探索和可视化、数据建模和预测、数据报告和解释、数据监控和反馈以及数据安全和隐私保护等。

以数据建模和预测为例，PLM系统会根据收集到的数据，运用数据建模技术（如回归分析、时间序列分析等）来构建模型并进行预测，从而帮助决策者做出合理的决策。通过利用PLM系统构建模型，可以评估出产品未来的投资收益情况，进而协助决策者进行决策。

除了以上几种主要功能外，PLM系统还有其他重要功能，感兴趣的读者可以阅读相关资料。

实际上，不同PLM厂商的产品在基本功能相差不大的前提下，都有一些独特的地方，以显示其差异化，旨在满足PLM厂商定位的目标客户需求。

12.3　PLM系统的发展趋势

PLM从诞生起，就一直处于快速发展中。这种发展不仅体现在技术上，也体现在理念的更新和范围的扩展上。可以预见，结合产品开发的新技术、新概念，PLM系统仍将继续发展，发展趋势如图12-4所示。

图 12-4　PLM系统发展趋势

1. 云端化

与市场上的其他软件类似，未来的 PLM 系统将更多地基于云计算平台，实现数据的实时共享和协同工作。越来越多的 PLM 系统正以 SaaS（Software as a Service，软件即服务）的形式在云端提供服务，这将有助于降低企业在部署 PLM 系统时的成本，从而使更多的中小企业能够负担得起 PLM 服务。PLM 系统的云端化不仅带来了成本方面的优势，还具有灵活的扩展性和升级的便利性的优势。

云端 PLM 可以根据企业的需求进行灵活配置和扩展，以适应不同规模和复杂度的业务。企业可以根据需要增加或减少用户数量、功能模块和存储空间，以适应业务的变化。

云端 PLM 提供持续的创新和升级服务，使企业能够及时获得最新的功能和技术。云端 PLM 提供自动化的升级和更新机制，减少企业的升级成本和风险，并提供新功能以提升用户体验。

基于 PLM 云端化的这些优势，越来越多的企业将选择 PLM 的 SaaS 服务，尤其是中小企业。

2. 数字孪生建模

数字孪生技术是指通过数字模型来实时模拟和反映现实世界中的产品、工艺和系统的技术。随着 IoT 技术和数字孪生技术的发展，PLM 系统可以为更多实物产品构建数字模型，在产品设计、制造、故障诊断和维护等方面发挥更大的作用。

在产品设计和开发方面，数字孪生技术可以帮助设计师和工程师在虚拟环境中进行产品设计和开发。通过数字孪生技术，设计师可以快速地构建和修改产品模型，并进行虚拟测试和验证，以提高产品设计的效率和质量。

在制造方面，数字孪生技术可以模拟和优化制造过程，包括工艺规划、设备配置和生产调度等。通过数字孪生技术，制造商可以在虚拟环境中进行工艺优化和生产线布局，以提高生产效率和质量。

在故障诊断和维护方面，数字孪生技术可以帮助企业实时监测和诊断产品的运行状态，并提供故障诊断和维护建议。通过数字孪生技术，企业可以预测和预防设备故障，缩短停机时间和减少维护成本。例如，GE 公司生产的每台航空发动机，通过数字孪生技术，可以对产品的状态进行实时监测和诊断。

总之，数字孪生技术在 PLM 中的作用是提供一个虚拟、实时和全面的产品管理平台，帮助企业提高产品设计、制造和维护的效率和质量。

3. 融入 AI 技术

在 PLM 系统中融入 AI 技术可以实现多种场景下的智能化应用，包括智能化产品设计和优化、智能化供应链管理、智能化制造和质量控制、智能化售后维护等。

以智能化产品设计和优化为例，当企业将待开发产品的市场需求、市场分析情况以及产品特征等信息输入 PLM 系统时，PLM 系统会根据以往类似产品的销售情况、产品方案以及质量表现等信息进行分析。利用 AI 技术，PLM 系统可以对大量的产品数据进行深入分析，从而为企业提供智能化的产品设计和优化建议。更进一步地说，融入 AI 技术的 PLM 系统还可以实现自动化的产品设计和验证，从而提高产品的开发效率和质量。

除了产品设计、制造和维护的智能化，融入 AI 技术的 PLM

系统甚至可以协助企业进行智能化决策。

4. 扩大行业应用范围

目前，PLM 系统主要还是应用在离散制造业领域。所谓"离散制造业"，是指将生产过程分为离散的步骤，每个步骤都是独立的，产品在每个步骤之间是离散的。离散制造业通常涉及生产和加工物品，如汽车制造、电子产品制造、装备制造、航天军工产品制造等。本书介绍的基于软件、机械、电子技术的 V 模型，就属于离散制造业的产品研发模型。

未来的 PLM 系统可能会在更多的行业得到应用，例如在医疗、能源、建筑等行业得到广泛应用，帮助企业管理和控制产品的整个生命周期。事实上，现在已经有能源、建筑行业的领头企业在探索适用本行业的 PLM 流程体系，相信 PLM 厂商也会拓展这些行业的产品来满足客户的需求。

除了以上几个发展趋势外，PLM 系统还会引入可持续发展、ESG（Environmental，Social and Governance，环境、社会和公司治理）等理念。

12.4　企业部署 PLM 系统的流程

企业部署 PLM 系统通常遵循以下流程：确定需求、选择供应商、规划实施、数据准备、系统配置、测试和培训、上线运行以及持续改进，如图 12-5 所示。

1. 确定需求

首先，企业需要明确自身的需求，包括 PLM 系统的功能和特性，以及与其他系统的集成需求等。例如，企业部署 PLM 系统是为了解决当前什么问题、痛点，这些痛点是否一定要上 PLM 系统才能解决。如果 PLM 系统可以解决其中的问题和痛点，那么需要 PLM 系统具备哪些模块和功能，甚至包括和其他软件系统之间的关系，也需要考虑。

图 12-5　企业部署 PLM 系统的流程

2.选择供应商

在明确了需求之后，企业就要选择合适的供应商。一般来讲，选择供应商不仅要考虑预算，还要考虑供应商的技术能力、经验、已服务过的客户情况，以及后续的客户支持等因素。选择供应商是一件非常重要、难度也非常大的事情，是企业部署 PLM 系统成功与否的重要一环，因此企业需要高度重视。

3.规划实施

在选择了合适的供应商后，企业需要进行 PLM 系统的实施规划，包括顶层蓝图设计、项目计划制订、资源分配、重大节点和里程碑设计等。一旦确定了供应商，企业部署 PLM 系统就需要和供应商协同工作，而不仅仅是供应商单方面的事情。

4.数据准备

在实施部署之前，企业需要准备好相关的数据，包括产品设计数据、供应链数据、制造数据、质量数据、服务数据、组织数据、成本数据、市场数据等。

以供应链数据为例，在实施 PLM 系统部署之前，企业需要准备好供应商信息、物料清单、采购订单、交付计划等与供应链管理相关的数据。

再以组织数据为例，这些信息包括企业组织结构、人员、权限设置等与组织管理相关的数据。市场数据则包括市场需求、竞争对手分析、销售额等。

5. 系统配置

根据企业的需求，供应商会进行 PLM 系统的配置。这些配置涉及数据管理、工作流程设计、产品结构管理、项目管理、变更管理、项目协同等。

以配置数据管理为例，它包括配置数据模型、数据字典和数据结构，定义数据属性和关系，确定数据的组织方式和存储规则等。

再以配置产品结构管理为例，它包括配置产品结构和 BOM，定义产品组成关系和零部件属性，确定 BOM 的版本控制和变更管理方式等。系统配置实际上就是设置 PLM 系统运行的规则和规范，确保 PLM 系统能够适应企业的业务特点和管理模式。

6. 测试和培训

在系统配置完成后，企业需要对即将上线的 PLM 系统进行全面的测试，包括功能测试、性能测试以及各种异常测试等。同时，企业还需要对员工进行培训，使其熟悉系统的使用方法和操作流程，以提升运行效率。

7. 上线运行

经过充分的测试和培训后，PLM 系统就可以正式上线运行了。在上线运行的初期，为稳妥起见，企业可以选择部分项目进行试点。在试点过程中，企业需要监控系统的运行情况，并及时处理各种问题。

8. 持续改进

PLM 系统的部署并不是一次性的工作，企业需要不断进行改进和优化，以适应业务的变化和发展需求。当企业快速发展，或者业务进行了较大的调整时，PLM 系统甚至可能需要大规模升级。此时，又回到了流程的第 1 步。

需要注意的是，每个企业的 PLM 系统部署流程可能会有所不同，具体的流程可以根据企业的实际情况进行调整和定制。事实上，部署 PLM 系统对于企业非常重要，需要作为一个项目来完成。

12.5 案例 12-1：一家领先的国产 PLM 厂商的产品能力

1. 企业情况

上海湃睿信息科技有限公司（PISX，以下简称"湃睿"）成立于 2003 年，是一家从事 PLM 解决方案咨询、规划、定制开发和实施推广服务的专业公司，致力于向客户提供完整、高效的集成产品开发平台和服务。

湃睿成立之初以代理 PTC 公司的 PLM 系列产品为主，并成为 PTC 公司全球排名第四、亚太区排名第一的铂金级（最高级）增值服务商。在代理知名企业 PLM 产品，并为大量科技制造业企业服务的过程中，湃睿不仅拓展了业务和客户群体，更为重要的是，由于长期贴近客户，更加了解客户的需求、国外 PLM 产品的特点和产品中存在的不足，为自研 PLM 产品奠定了坚实的基础。

2. 湃睿自研 PLM 产品

在积累了大量高端客户和服务经验后，湃睿启动了 PLM 产品自研项目。湃睿的自研 PI-PLM 是基于华为云 iDME（industrial Digital Model Engine，工业数字模型驱动引擎）开发的一套自主创新、可以部署在云（公有云、私有云）上的 PLM 产品。产品以项目管理为主线，在一套 PLM 系统中可以管理两大流程（新产品开发流程和工程变更管理流程）、四项数据（图文档、物料、BOM 和工艺路线），实现协同管理，从根本上控制产品成本，提高重用度、降低错误发生率，如图 12-6 所示。

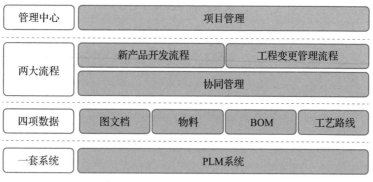

图 12-6　湃睿自研 PLM 产品 PI-PLM 的架构

在产品特点上，湃睿自研 PLM 产品 PI-PLM 以 BOM 管理为核心，统一研发设计数据源，打通周边系统及设计工具端，提供简洁易用的项目管理主线模块，具体如下。

1）统一 BOM 数据源。以 BOM 为中心来管理相关的设计文档、CAD 数据和变更数据，从而实现变更过程的闭环管理。

2）多 CAD 工具集成。基于浏览器的 CAD 可视化预览与批注等工具，简化项目管理和协同工作的流程。

3）简洁易用的项目管理模块。系统内置多个标准行业解决方案包，以便项目成员快速上手并高效协同办公。

基于华为 iDME，PI-PLM 还提供了如下能力。

（1）元模型驱动能力

PI-PLM 基于 iDME 的两种元模型和 6 种基本模型构建了 100 多个实体模型、50 多个关系模型，利用元模型和模型之间的关联关系，实现元模型自动入图、自动关联，进而实现了数据的天生内聚，解决数据提取问题。

（2）快速建模能力

基于 iDME，建模时间由过去的 40 多天缩短为 5 天，效率提升约 9 倍，且还在提升中。基于 iDME 便捷的建模能力，系统扩展不再需要原厂支持，支持客户定制。

（3）高性能、高安全

iDME 天然具备云原生、微服务能力，彻底解决了性能问题，如平均接口响应时间较传统的 500ms 缩短为 100ms，性能提升 4 倍。

（4）支持多部署方式

借助 iDME 的多部署模式，PI-PLM 支持 SaaS 部署、IES（Intelligent EdgeSite，智能边缘小站，将云基础设施和云服务部署到企业现场）部署、本地部署等多种部署方式，以满足不同客户的部署需求。

下面分别通过本地部署和 SaaS 部署两种方式介绍湃睿自研 PLM 产品成功服务客户的案例。

3. 本地部署客户案例：某光电企业私有云部署

该企业成立于 1969 年，为广东省国有独资重点企业，专门从事研发、生产、销售 LED 及 LED 应用产品。经过多年的发展，该企业已经成为我国 LED 封装行业的头部企业之一，在全球 LED 封装行业占据重要地位。在 2022 年北京冬奥会上，冰瀑布、冰立方、冰五环三大焦点屏及场馆赛事屏核心器件由该企业提供。

随着市场需求的不断变化和竞争的加剧，该企业业务结构过于集中于 RGB 产品，不足以应对未来市场风险的挑战，急需缩短产品上市周期和打造更强大的产品竞争力，数字化转型势在必行。

在研发数字化方面，该企业早期实施过 PTC 公司的 Windchill 系统，目前出现了系统卡顿、业务需求开发定制困难等问题，已经影响到业务的正常运转。因此，PI-PLM 作为替代 Windchill 的系统被纳入了智慧云工厂整体建设项目中。项目的核心目标是为企业解决如下痛点。

（1）性能差

原 PLM 产品性能差，易用性不好，需要将原 PLM 产品功能及数据迁移到 PI-PLM 系统中，并在新系统的基础上进行针对性优化、提升。原 PLM 产品为单体架构，随着用户数、业务数据量增加，性能下降严重。

（2）扩展困难

原 PLM 产品只能依靠原厂或者代理商进行系统维护，目前原厂停止技术支持、代理商顾问较少，系统风险极大。

（3）功能不全

原 PLM 系统功能不能满足当前业务需求，缺少成本分析模块、移动端模块等，只能由用户线下统计分析。

基于上述痛点，客户选用 PI-PLM 系统的 PDM 及项目管理两大核心模块，同时迁移原有系统数据、功能，并在此基础上进行定向优化，如图 12-7 所示。

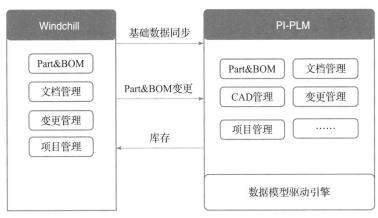

图 12-7 某光电企业 PLM 产品替换

因 PI-PLM 系统具备上线快、性能佳、易操作等优点，企业仅用 4 个月时间便实现了交付、上线，相比传统模式缩短了 50% 的时间。PI-PLM 系统部署后，企业的收益如下。

1）通过数字化业务规则，实现了三级项目精细化管理，让项目进度更为可控，成本更为清晰；同时，还通过自动化业务流程，打通了跨系统数据和流程，从而实现了跨部门和领域的高效协同，研发设计能力得以全面提升。

2）PI-PLM 系统上线后，企业取得了重大项目没有延期的成效。定制化产品项目研发周期缩短了 25%，研发成本下降了 10%，交付效率提升了 2 倍，系统性能提升了 10 倍。企业获得了更高效的产品研发流程、更好的协作能力、更准确的产品数据和更好的决策支持，同时满足了数字化转型中的新需求，解决了现有系统的限制问题。

项目成功上线后，该企业在 2023 年全国首站华为云城市峰会上分享了这个案例，主题为"新一代国产工业软件，加速研发创新和数字化转型"。

4. SaaS 部署客户案例：某汽车零部件企业公有云部署

该企业为中德合资公司，成立于 2019 年，目前已建设有上海嘉定研发与检测服务基地、昆山制造装配基地，是一家创新型汽车传动/驱动系统高端技术服务商。这家企业为汽车传动/驱动系统提供最全面的测试资源，具备系统性能开发测试、疲劳耐久测试、匹配标定、NVH 及 EMC 诊断分析等关键试验验证能力，业务覆盖检测技术服务、工程技术服务、高端检测设备定制服务三个方面，为汽车整车企业及汽车传动/驱动行业提供最优质的动力总成开发与测试服务。

企业研发人员规模在 20 人左右，信息化建设刚起步，急需一套完整的数据管理平台来实现研发、生产及管理活动中的数据统一化、信息协同一体化、进度透明化等核心功能。企业在部署数字化研发管理系统之前存在如下痛点。

1）项目管理缺乏集成，无法在项目管理中进行结构化的交付物管理。

2）项目、研发交付物的审核节点设置模糊，签审不规范。

3）研发、测试数据存储于工程师个人电脑，当员工岗位变动或离职时，数据易丢失。

4）产品研发数据非结构化，BOM 准确度低。

5）图文档完成的及时性和准确性无法保证。

6）缺少统一的知识库、标准件，通用件缺乏统一管理。

7）项目管理数据、研发数据等手工收集，可视化效果差。

针对上述痛点，PI-PLM 以零部件装备标准行业包（主要含项目管理及 PDM 两大核心模块）进行快速应对，选用项目管理、图文档管理、BOM 管理、变更管理等核心标准解决方案，实现了多工厂之间的高效协同和管理体系的落地。具体解决方案如下。

1）**高效的产品信息管理**。PI-PLM 帮助企业集中管理和共享产品相关的信息、数据和文档。这样可以提高团队成员之间的协作和沟通效率，缩短信息传递的时间和减少错误。

2）**快速的设计和开发过程**。PI-PLM 提供了可视化工具和功能，可以帮助企业更好地管理产品的整个生命周期，包括设计、制造和售后服务。

3）**更好的供应链协作**。PI-PLM 帮助用户与供应商、合作伙伴进行信息共享，实现更紧密的协作和协调。这可以使用户很好地提高供应链的可视性和效率，减少供应链中的延迟和错误。

4）**精确的数据分析和决策支持**。通过报表收集和分析产品相关的数据，提供关键的洞察和决策支持。这有助于企业做出基于数据的决策、优化产品设计和研发策略。

湃睿基于以上方案制订了项目实施计划并落地实施，4 周完成了 SaaS 项目的上线，如图 12-8 所示。

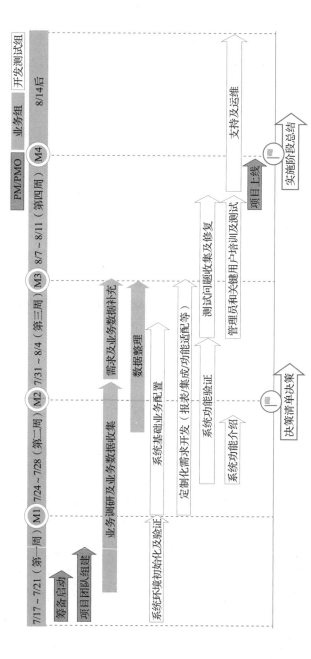

图 12-8 某企业的 PLM SaaS 部署实施计划

项目部署后，在解决上述痛点的同时，相较线下的管理模式，线上的数据协同及快速检索效率提升明显。原本不规范、执行难、监管不到位等问题通过流程及报表可进行精细化、可视化管理，使流程标准化程度进一步提高。

5. 案例启示

1）以代理行业领先企业的产品并服务大量客户为基础，进行产品自主研发是企业发展的一种优秀商业模式。

2）尽管 PLM 产品具有一定的通用性，但它与行业密切相关，不同 PLM 厂商的产品各有侧重点。因此，在选择供应商时，企业应重视 PLM 厂商的产品的特点。

12.6 本章小结

1）企业的产品研发流程需要选用合适的 IT 工具进行管理。

2）PLM 经历了 3 个时期的发展，到今天已经超出了 CAX、PDM 的范畴，包括产品全生命周期经营的理念，且还在快速发展中。

3）目前，全球的 PLM 市场主要由几个国际巨头垄断，且这几家企业的技术水平绝对领先。我国陆续诞生了一些本土的 PLM 厂商，在各自的细分领域有一定的竞争力，但整体实力和这些国际巨头还存在较大的差距。

4）现在的 PLM 系统的主要功能包括产品数据管理（PDM）、项目管理、配置管理、质量管理、需求管理、协同管理、数据分析与报告等。不同 PLM 厂商的产品功能有所侧重，且理念也有差异。

5）PLM 系统未来朝着云端化、数字孪生建模、融入 AI 技术、扩大行业应用范围、可持续发展和 ESG 等方向发展。

6）企业部署 PLM 系统的流程一般为确定需求、选择供应商、规划实施、数据准备、系统配置、测试和培训、上线运行和持续改进。每个企业的 PLM 系统部署流程可能会有所不同，具体的流程可以根据企业的实际情况进行调整和定制。

☞ **实务经验**

企业在决定是否部署 PLM 系统时，需要综合考虑需求、资源和预算等因素。小型企业或产品开发相对简单的企业，可以利用 Office 套件（如 Word、Excel 等）并结合一些开源的 IT 工具进行产品研发管理。随着企业规模的扩大和产品研发的复杂化，如果原有的管理工具已经不适合产品研发管理，可以考虑购买 PLM 云服务。当 PLM 云服务无法满足产品研发管理需求时，企业可以考虑定制 PLM 解决方案。

致谢

本书呈现的产品研发管理体系，是我基于超 20 年产品研发、咨询和顾问工作经验总结出来的。同时，参考了很多国内外产品研发管理专家的研究成果，在此向这些专家致谢！

本书能够成文，首先要特别感谢我的恩师、上海实业集团前副董事长、复旦大学管理学院 EMBA 学术主任、著名学者包季鸣教授。我听过包教授关于领导力的课程不下 20 次，每次听课都有新的感悟。在包教授众多的"名句"中，"专注，聚焦""做难而正确的事情""做自己擅长且喜欢的事情，坚持下去终会有所成"这些朴实无华但极具哲理的话启示了我，使我认识到产品研发虽然是一个小赛道，但我的背景和经历非常适合深耕这个领域。在此之前，我在众多媒体杂志上发表过不少关于产品研发管理的文章。包教授建议我以书籍的形式来呈现这些内容，他认为这样可以使内容更具系统性，更有助于读者理解。因此，我开始构思写这本书。在写作过程中，包教授给予我很多有益的指导。

感谢上海市科学学研究所副所长吴寿仁老师。吴所长是我非常敬仰的导师和朋友，他对我这本书的定位、框架以及写作方式提供了很多宝贵的建议。

感谢知行信创新咨询的创始人成海清博士。我与成老师进行过多次专业交流，使我获益匪浅。另外，他的著作也给了我很多启发和参考。

感谢所有曾经接受过我的服务的客户以及参加过我的培训课的学员。在与他们互动的过程中，我也得到了持续的成长和进步。

感谢我的同门师兄弟和校友。在我撰写本书的过程中，我们经常进行深入的交流，他们给了我许多宝贵的灵感。他们中有上市公司的高管或CEO，也有高校的知名学者，他们的建议对我有极大的启发。他们是程峰、吴静、刘丽珍、李艳霞、施磊、高蕾、姜伟辉、戴嘉瑶、田博、候琳、王玥清、钟晓东、刘楠、徐懋婧、刘军生等。

感谢复初咨询的邱肃川老师、刘文瑶老师和各位小伙伴们对本书的大力支持。

感谢AMT高级合伙人黄培先生，以及赵崇、夏荣祖、李静、王嘉月等产品专家和顾问，他们对本书的内容亦有贡献。

感谢巨灵信息的朱晟俊和湃睿科技的闻凯，他们对本书的案例做出了贡献。

感谢复旦大学张江研究院的常务副院长胡建华教授、王苗苗老师和上海张江高校协同创新研究院的陈文君教授，他们对本书的写作和素材提供了帮助。

感谢上海技术交易所的总经理颜明峰先生、袁磊博士对本书的支持。作为特聘专家，我为技术交易所众多企业家培训的同时，他们也在为本书贡献内容和素材。

最后，要感谢我的妻子和女儿，是她们承担了家庭的琐事，让我能有更多的时间进行写作。

揭应平

参考文献

［1］ 波特. 竞争战略［M］. 北京：中信出版社，2014.

［2］ 揭应平. 为中小企业量身打造 LIPD 体系［J］. 企业管理，2023（3）：83-87.

［3］ 揭应平. 七维度破解企业创新困境［J］. 企业管理，2022（10）：20-25.

［4］ 科兹纳. 项目管理［M］. 杨爱华，王丽珍，杨昌雯，等译. 北京：电子工业出版社，2018.

［5］ Project Management Institute. 项目管理知识体系指南（PMBOK指南)［M］. 6 版. 北京：电子工业出版社，2018.

［6］ 美国产品开发与管理协会. 产品经理认证（NPDP）知识体系指南［M］. 楼政，译. 北京：电子工业出版社，2022.

［7］ 尹义法. 产品开发项目管理［M］. 北京：机械工业出版社，2022.

［8］ 成海清. 首席产品官［M］. 北京：企业管理出版社，2019.

［9］ 缪宇泓. 产品设计与开发［M］. 北京：电子工业出版社，2022.

［10］ 张甲华. 产品战略规划［M］. 北京：清华大学出版社，2014.

［11］ Project Management Institute. 需求管理实践指南［M］. 北京：中国电力出版社，2016.

［12］ 波尔，卢比. 需求工程基础［M］. 夏勇，王晓滨，陈德超，译. 北京：清华大学出版社，2019.

［13］ EBERT C. 需求工程实践者之路［M］. 洪浪，译. 北京：机械工业出版社，2013.

［14］ 夏忠毅. 从偶然到必然［M］. 北京：清华大学出版社，2019.

［15］ 库珀，艾迪特. 创新流程架构产品创新7法则［M］. 刘立，姜滨滨，译. 北京：企业管理出版社，2017.

［16］ 明茨伯格. 卓有成效的组织［M］. 魏青江，译. 杭州：浙江教育出版社，2020.

［17］ 特劳特. 什么是战略［M］. 火华强，译. 北京：机械工业出版社，2022.

［18］ 崔剑，陈月艳. PLM集成产品模型及其应用［M］. 北京：机械工业出版社，2014.

［19］ 久次昌彦. PLM产品生命周期管理［M］. 王思怡，译. 北京：东方出版社，2017.

［20］ 吴寿仁. 创新知识基础［M］. 上海：上海社会科学院出版社，2020.

［21］ 萨瑟兰. 敏捷革命［M］. 蒋宗强，译. 北京：中信出版集团，2017.

［22］ 阿瑟. 技术的本质［M］. 曹东溟，王健，译. 杭州：浙江人民出版社，2018.

［23］ 希林 M A. 技术创新的战略管理［M］. 王毅，谢伟，段勇倩，译. 4版. 北京：清华大学出版社，2015.

［24］ 摩尔. 跨越鸿沟［M］. 祝惠娇，译. 北京：机械工业出版社，2023.

［25］ 石晓庆，卢朝晖. 华为能，你也能：IPD产品管理实践［M］. 北京：北京大学出版社，2019.

［26］ 任彭枞. 产品开发管理方法、流程、工具［M］. 北京：中华工商联合出版社，2018.

［27］ 克里斯坦森. 创新者的窘境［M］. 胡建桥，译. 北京：中信出版社，2014.

［28］ 克里斯坦森. 颠覆性创新［M］. 崔传刚，译. 北京：中信出版社，2019.

［29］ 戴尔，葛瑞格森，克里斯坦森. 创新者的基因［M］. 曾佳宁，译. 北京：中信出版社，2013.

［30］ 卡恩，卡斯特莱恩，格里芬. PDMA 新产品开发手册［M］. 赵道 致，译. 北京：电子工业出版社，2007.

推荐阅读